La culotte en or

Il a été tiré de cet ouvrage
cent exemplaires hors commerce,
dont vingt sur papier d'édition
Byronic de ton crème fini brocart
numérotés de 1 à 20,
et quatre-vingts sur papier d'édition
Byronic blanc fini brocart
numérotés de 21 à 100,
constituant l'édition originale.

Editeurs:
LES ÉDITIONS LA PRESSE, LTÉE
7, rue Saint-Jacques
Montréal H2Y 1K9

Tous droits réservés:
©Copyright Roger Lemelin, Ottawa 1980

Licence exclusive:
LES ÉDITIONS LA PRESSE, LTÉE

Dépôt légal:
BIBLIOTHÈQUE NATIONALE DU QUÉBEC
3e trimestre 1980
ISBN 2-89043-054-5

ROGER LEMELIN
de l'Académie Goncourt

La culotte en or

la presse

DU MÊME AUTEUR

AU PIED DE LA PENTE DOUCE, roman
    Prix de la langue française de l'Académie française
    Prix David 1946
    Montréal, Editions de l'Arbre, 1944
    Paris, Flammarion, 1948
    Montréal, Cercle du Livre de France, 1967
    Montréal, Editions La Presse, 1975
    Traduction américaine par Samuel Putnam:
        The Town Below, New York, Reynald & Hitchcock, 1948
    Traduction anglaise: *The Town Below*, Toronto,
        McClelland & Stewart, 1967

LES PLOUFFE, roman
    Bourse Guggenheim
    Québec, Editions Bélisle, 1948
    Paris, Flammarion, 1949
    Montréal, Cercle du Livre de France, 1968
    Montréal, Editions La Presse, 1973
    Traduction anglaise par Mary Finch: *The Plouffe Family*,
        Londres, Jonathan Cape, 1952

FANTAISIES SUR LES PÉCHÉS CAPITAUX
    Montréal, Editions Beauchemin, 1949
    Montréal, Cercle du Livre de France, 1969

PIERRE LE MAGNIFIQUE, roman
    Québec, Institut littéraire du Québec, 1952
    Paris, Flammarion, 1953
    Montréal, Cercle du Livre de France, 1971
    Montréal, Editions La Presse, 1974
    Traduction anglaise: *In Quest of Splendor*, Toronto,
        McClelland & Stewart, 1955
    Traduction néerlandaise: *Peter de Grootmoedige*,
        Antwerpen, Standaard-Bockhandel, 1956
    Traduction anglaise par Harry Lorin-Binsse: *In Quest
        of Splendor*, Londres, A. Barker, 1956

LES VOIES DE L'ESPÉRANCE
    Montréal, Editions La Presse, 1979

A ma femme Valéda.

Avant-propos

A un certain âge, l'écrivain qui a vécu une existence fourmillante d'expériences diverses, se voit réclamer son autobiographie ou la collection de ses souvenirs.

Il me semble que c'est aller à contresens de sa nature, qui le porte à faire table rase de tout ce qu'il a fait pour créer à nouveau comme si ça lui arrivait pour la première fois, à partir d'une toute nouvelle mémoire, vierge de l'exactitude des faits.

J'ai l'impression de tout me rappeler et de ne me souvenir de rien. Ce tout, ce sont des moments de ma vie qui ont survécu à l'oubli où sombre le quotidien, qui ont pris une dimension, une couleur, une présence qui les installent dans ce vrai imaginaire que j'ai toujours poursuivi. Et ce qui m'a enchanté au cours de ce voyage, c'est la tendre espièglerie retrouvée, véritable fond de mon tempérament.

Ces moments, je vous les livre ici, pêle-mêle, sous forme de contes, au caprice du temps.

Roger LEMELIN

L'amour avec des gants

J'ai 59 ans, je suis de six mois l'aîné de Pierre Elliott Trudeau et d'un an l'aîné du pape. Je peux donc me permettre certaines licences.

L'autre jour, me promenant rue Sainte-Catherine, j'ai été accosté par une jeune fille de seize ans qui me fit, sans rougir, des propositions galantes à prix réduit. J'ai rougi comme une jeune fille... d'antan. Comme j'ai rougi à Paris, en 1948, à l'occasion de la parution de mon premier roman, chez Flammarion, *Au Pied de la Pente douce*.

A cette époque, j'avais des dispositions naturelles de premier ordre pour les plaisirs défendus. C'était le printemps. Après deux semaines sèches à serrer les mains froides et académiques d'augustes protecteurs, je commençai à ressentir les assauts de tentations qui firent le martyre de saint Antoine. Un démon poussa mes pas désoeuvrés vers la Madeleine, où déambulaient nombre de demoiselles de petite vertu (comme si je ne l'avais pas su). Et je fus attaqué par une superbe fille. Mon sang se glaça. «Alors, tu viens?» Je pensai d'abord à ma femme et à mon premier enfant, laissés à Québec, mais tout de suite après, à la longue «combinaison» Penman que je portais encore au mois de mai. Et aux grosses bosses sur les genoux. Les sentiments de fidélité conjugale et l'amour-propre en équipe sont plus forts que les désirs les plus tumultueux d'un jeune homme en santé. Je bredouillai: «Je, je... suis fatigué. Une autre fois.» La jeune fille apitoyée s'empressa de me rassurer: «Pauvre chou, tu verras comme je saurai te faire reposer.» Mais je m'éloignais déjà à grands pas. Dieu me protégea pendant tout ce voyage. La semaine suivante, revenant du théâtre avec un directeur littéraire et Roger Peyrefitte, qui publiait en ce moment *Les Amitiés particulières* chez Flammarion, je fus à nouveau accosté. Je n'eus pas le temps de répondre. Mes deux compagnons chassèrent la fille en la traitant de vache.

Quand on est vieux, on peut retourner loin dans le temps. Je me souviens de 1935 alors que, cadet d'une famille de neuf garçons et une fille, mes velléités de désir pour la mystérieuse Femme se limitaient en grosses blagues avec mes copains sur le perron de l'épicerie du coin et à la contemplation en cachette de dame Fortune dans le petit Larousse. La sévérité de Monsieur le Curé était telle à ce sujet, qu'on ne jouait pas avec ça, sauf si on était décidé à finir en enfer. A la maison, ce n'était pas mieux. Maman avait fait une scène à mon père parce que, au bazar du quartier, j'avais osé un clin d'œil à la très jolie fille du commandant de la garde paroissiale, la garde Champlain, dont mon oncle Jos, conducteur de tramway, était le colonel.

Arriva ce qui devait arriver. C'était l'hiver. Une belle fille de vingt ans, qui personnifiait Miss Sweet Caporal (les cigarettes) pour les placards publicitaires, m'invita chez elle. Appelons-la Alice. Alice avait deux sœurs aussi jolies qu'elle, et des formes, des formes! A cette époque les filles mangeaient à leur faim, et ne menaçaient pas de fendiller les sièges des taxis.

Donc, Alice et ses deux sœurs. L'une d'elles était fréquentée par le lutteur Kid Hecker, le roi de la savate, qui refusait d'aller lutter à Paris parce qu'il n'y avait pas, en France, de bière Black Horse. A toutes les demi-heures (nous étions quatre sur le même sofa) il se levait et, pour émerveiller la sœur d'Alice, il se rendait d'un bond étamper le mur de ses deux pieds, à hauteur de tête. Le papier peint en prenait un coup et surtout la grosse maman d'Alice qui nous épiait de la cuisine. Kid Hecker fut obligé de quitter à dix heures, et je sentais que mes parts étaient excellentes auprès de la mère d'Alice, car je lui avais chanté *La chapelle au clair de lune* presque aussi bien que Jean Lalonde, le père de Pierre. J'ai toujours eu la confiance des mères, car j'avais appris dans Balzac que, pour avoir la fille, il faut d'abord conquérir la mère.

Je remerciai Balzac car à dix heures et demie, après m'avoir donné un morceau de son sucre à la crème, Alice-mère alla se coucher près de son époux qui s'était «poncé» au vin de «bibites». J'étais donc seul avec Alice, qui jouissait d'une réputation de délurée. Je me sentais même très seul. Je pensais au curé, à l'enfer, à ma mère, mais aussi à mes copains pour qui j'étais le premier éclaireur dans le monde mystérieux de la Femme. A moi tout seul, j'étais investi des premiers attouchements de tous. Ils m'attendaient au petit restaurant du coin. Mais je ne pensais pas que, la première fois, ce serait si difficile. Elle s'approchait, je reculais. J'attendis d'être debout, prêt à partir. J'enfilai mes gants et dirigeai mes mains vers la poitrine dodue d'Alice. Et tout se déroula sans remords, grâce à mes gants[1]; ce que je ne racontai jamais à mes copains, ni au curé.

---
1. Ces gants étaient troués.

Allons, jeunes filles de seize ans libérées, respectez mon passé, ma famille, mes voyages, mes principes, mon expérience et ma pudeur. Et dites-vous qu'en dépit de tout cela, mon regard est toujours à l'affût d'une «Miss Sweet Caporal».

Un ami dans la bière

En regardant la télévision chez nous, on a l'impression que tous nos réseaux appartiennent aux brasseries. Espérons qu'elles font vivre autant de gens qu'elles en font boire.

C'est ainsi qu'étant dans le mois des morts, j'ai refusé l'autre soir de «lever mon verre» et me suis mis à évoquer le décès de mon beau-père en 1955, alors que je revenais d'Ottawa avec l'écrivain Marcel Dubé et un jeune chien boxer que j'y avais acheté. Le chiot pleurait et Marcel, qui a le cœur tendre, le berçait sans même le chicaner de lui faire pipi sur les genoux.

J'aimais mon beau-père, qui était un personnage raffiné (il m'a enseigné à apprécier le fromage et le vin), et qui était, par l'esprit, près des gens de lettres. Il était typographe, et il se fût rendu en Italie défendre le pape contre Garibaldi. Mon beau-père était zouave.

Ah! qu'ils étaient beaux, nos zouaves, quand ils bivouaquaient marché Saint-Roch ou qu'ils marchaient fièrement dans nos processions, avec leurs guêtres immaculées, leur ample pantalon gris bosselé par le vent et la taille sanglée dans un interminable large ceinturon sur lequel battaient de nombreuses médailles. Quel port de tête ils offraient sous ce képi exotique, et bien des femmes devaient penser, en les regardant passer, à la chanson popularisée par Paulette Mauve: *Qu'il était beau, mon légionnaire!*

Belle-maman n'en disait pas autant lorsque, les jours de parade, mon beau-père extirpait de sa boîte l'uniforme et ses multiples atours. Je fus présent à l'une de ces cérémonies, et faillis y perdre ma blonde pour toujours. Je n'ai jamais été habile avec la parenté. Il faut dire qu'au tout début de nos fréquentations, ma femme et moi, mon beau-père m'observait d'un mauvais œil. Il avait mis en garde sa fille contre mes tendances communistes (j'avais participé à fonder la cellule québécoise du socialisant parti CCF en 1942; il était libéral et travaillait à *l'Action Catholique*).

Venons-en à la cérémonie de l'endossement de l'uniforme, dont la pose du ceinturon est la plus ardue. Dans la cuisine longue de vingt pieds, tout au fond, près de l'évier, mon beau-père attendait, déjà enculotté et guêtré, en tenant un bout du ceinturon, tandis que, quinze pieds plus loin, ma belle-mère détordait la pièce de tissu. Pour me rendre sympathique, je leur appris que mon grand-oncle Dumontier avait été le dernier survivant des zouaves qui «y étaient allés», que d'ailleurs cela n'avait aucune importance, puisque le seul zouave canadien-français mort pour le pape était décédé d'une maladie vénérienne attrapée à Rome. Première gaffe. Le mauvais œil tomba sur moi. «Avance en tournant», ordonna ma belle-mère. Mon beau-père, à petits pas sérieux, se mit à tourner sur lui-même pour se momifier à la taille. Il restait encore sept pieds. Il s'arrêta net. «C'est pas égal!» Il se débobina jusqu'à l'évier. Ma belle-mère bougonnait et, pendant qu'il recommençait son manège jusqu'à la perfection, je fis de mon mieux pour alléger l'atmosphère en faisant montre d'érudition africaine. «Vous connaissez l'origine et le pourquoi de cet ample pantalon fermé aux chevilles et de cette large ceinture?» L'œil s'adoucit. «Les zouaves ont d'abord été un régiment de héros en Afrique. Le général Lyautey, dans ses mémoires, affirme que le soleil, cognant très dur dans le désert, occasionnait aux zouaves de terribles accès de dysenterie. C'est le pourquoi de l'ample pantalon et du large ceinturon.» «M'insulter dans ma maison, devant ma famille!» tonna mon beau-père qui ne badinait pas en matière de problèmes intestinaux. Je fus chassé.

Il fallait prendre les grands moyens pour me faire pardonner. Je quittai le CCF et devins capitaliste. Je fondai dans la paroisse Saint-Joseph une section de la Société Saint-Jean-Baptiste, je fis de mon beau-père un patron d'honneur, je me nommai secrétaire et désignai Francis Boudreau président; cette nomination le catapulta dans la carrière politique et il devint ministre sous l'Union nationale. René Chaloult, le député nationaliste, présida le banquet aux «beans» qui donnait le coup d'envol à ma section. Une fois réconcilié avec la famille, je démissionnai et devins agent libre. Mon beau-père et moi formions désormais une bonne paire d'amis.

A sa mort, un zouave montait la garde jour et nuit près de son cercueil. La famille éprouvait un très grand chagrin et le manifestait profondément, mais discrètement. A cette époque, on avait le temps de pleurer ses morts.

Le jour des funérailles, un comédien des *Plouffe* vint me supplier de lui accorder la permission de se servir de son personnage dans un message commercial pour le compte d'une compagnie de bière. Je résistais. Il m'accompagna fidèlement à l'église, puis au cimetière Saint-Charles où, dans une chapelle adjacente, on assénait une dernière épreuve à la famille éplorée. On installa le cercueil tout à l'avant, au-dessous d'un purgatoire électrique, où se débattaient des âmes éperdues, celle de mon beau-père y comprise. Toute la famille réprimait mal ses sanglots. Le comédien me donna un coup de coude. «Alors ça marche, tu veux?» Et tout à coup, derrière la chapelle, près de l'harmonium, s'éleva une voix caverneuse d'outre-tombe, qui commença d'entonner le cantique de circonstance, *Encore un ami dans la bière!* Les sanglots éclatèrent, et moi, ô scandale, regardant le comédien, je fus pris d'un accès de rire incontrôlable qui me força à sortir de la chapelle.

    La parenté prit du temps à me pardonner cette histoire de bière.

L'art d'être grand-père

Comme je n'ai connu aucun de mes deux grands-pères, morts trop jeunes d'excès que condamne le Cercle Lacordaire, il a bien fallu pendant longtemps que je me représente ce genre d'ancêtre sous les traits de Victor Hugo, à l'époque tertiaire de sa carrière où il écrivit les merveilleux poèmes groupés sous le titre *L'Art d'être grand-père*. Le Hugo de cette période me paraissait bien vieux, bien sage et bien tendre.

Maintenant que moi-même je traverse cette troisième période de ma vie, je ne retrouve pas du tout l'image que je m'en faisais. Je ne me sens ni vieux, ni sage, mais tendre, car je l'ai toujours été. Il y a quelque chose de changé, cependant. Mais seuls les tout-petits le sentent. En marchant dans la rue je leur fais des clins d'œil, et ils me sourient. Ils se retournent même, essayant de lâcher la main de leur mère, comme s'ils voulaient jouer avec ce grand toutou à lunettes qu'ils semblent voir en moi. Dans les avions, c'est la même chose. Si le hasard fait que dans le banc qui précède le mien, une maman et son poupon sont installés, il est inévitable que le bébé me fasse des «belles», ou qu'il se dresse sur ses petons et essaie de m'attraper le nez parce que je lui fais des grimaces et que je lui dis «allô moustique». Une mystérieuse et immédiate complicité s'établit entre nous, comme s'ils savaient que je suis grand-père de Catherine, 2 ans, d'Alexandra, 4 ans, et de Nathalie, 12 ans; comme s'ils savaient que je suis le plus délinquant des grands-pères, au désespoir de leurs parents que pourtant j'ai élevés bien sévèrement.

L'autre jour, à la douce satisfaction de mes petites-filles, il m'est arrivé de leur servir de geôlier, afin de permettre à la bru, à la fille et à la grand-mère d'aller faire des courses. Nous nous tenions bien cois, l'air presque hypocrite, les gamines et moi, devant les trois femmes soupçonneuses qui quittaient, inquiètes, la maison. Nous attendîmes que les charmantes mégères fissent démarrer la voiture et s'éloignassent en première, en deuxième et en troisième. Alors nous éclatâmes. Ce fut la course de Catherine et d'Alexandra vers mes cachettes à bonbons, vers les biscuits et les boissons gazeuses. Je versai un demi-verre de bière à Alexandra, qui adore la Molson. On joua du piano à quatre mains

Alexandra, Nathalie et Catherine.

(*En roulant ma boule*), puis au ballon avec les coussins. Elles s'installèrent sur mes genoux, me réclamant des histoires. Après tout, quant à m'avoir comme grand-père, aussi bien en profiter!

Je pensai soudainement à Victor Hugo et regardai fixement Nathalie, douze ans, qui étudie chez les Ursulines, ces grandes éducatrices à qui je dois d'avoir des filles bien élevées. Nathalie est sage comme une image, très Ursuline. D'une pudeur qui eût attendri Thérèse d'Avila, on dirait que, sur le bout des orteils, elle longe constamment les murs du ciel. Je lui dis: «Nathalie, veux-tu faire plaisir à pépère?» Du doigt, elle me morigéna: «J'aime pas t'appeler pépère, parce que je serais forcée d'appeler grand-maman mémère et ça la fâcherait.» «Nathalie, je voudrais qu'à seize ans, tu aies un petit bébé.» Les yeux ronds, toute pâle, elle protesta: «Mais, je veux pas me marier à seize ans!» Alexandra et Catherine se mirent à scander: «Un bébé, un bébé, on veut un bébé.» Alors, je fis à Nathalie une proposition dont je rougis encore: «Je t'en supplie Nathalie, je vais te payer $5 000 pour un bébé à seize ans.» Je n'ai jamais vu une jeune fille de douze ans aussi scandalisée. «Grand-papa! Deviens-tu fou? C'est épouvantable! T'as pas honte? Mais pourquoi?» Catherine et Alexandra sentaient que quelque chose ne tournait pas rond, cessaient de sucer leur bonbon et s'essuyaient les doigts sur le bras du fauteuil. Je pris les deux menottes de Nathalie et m'excusai. «Je sais bien, Nathalie, d'abord j'ai hâte d'être sérieux comme Victor Hugo, mais surtout j'aimerais tellement avoir ma photo, 'quatre générations', dans *La Presse*.» «Grand fou!» Et elle s'esclaffa.

Catherine et Alexandra en firent autant et nous nous roulâmes par terre, morts de rire. Moi seul savais pourquoi.

Je ne pouvais confier à mes petites filles le rêve farfelu qu'élaborait leur gamin de grand-père. En effet, ayant toutes mes dents, mes cheveux châtains et une vitalité à feu doux, je m'imaginais victime d'un accident de parcours où quelque jeune femme me donnerait un fils cadet de celui que je réclamais de Nathalie, de sorte que mon dernier poupon serait le grand-oncle puîné de mon arrière petit-fils.

La culture de maman

On doit toujours beaucoup à sa maman, même si on l'oublie quelquefois.

Comme j'ai été ingrat, quand j'avais seize ans, de me moquer de son engouement pour les radio-feuilletons (à l'époque, c'était *Vie de famille* de Henry Deyglun), responsable de plusieurs pâtés chinois brûlés et de scènes dramatiques à mon père, ou à nous ses dix enfants. Maman les jouait admirablement ces scènes dramatiques inspirées par les comédiennes du temps, de Bella Ouellette à Juliette Béliveau, où elles souffraient le martyre dans notre radio Fada aux lampes à moitié brûlées. Maman aimait le théâtre, les chansons d'amour et les pique-niques en camion à quarante-cinquante sur les bords de la rivière Jacques-Cartier. Soit qu'elle fût de toutes les parties de franc plaisir, soit qu'elle fût plongée, le soir, en reprisant nos bas distraitement, dans la lecture de nombreuses revues et gazettes populaires de spectacles, venues de France, et qui relataient en long et en large la vie intime de Danielle Darrieux, de Jean Gabin, de Jean Murat, de

Victor Francen, de Jean Clément, d'Alibert, de Mireille, de Jean Sablon et de la Palma de l'Empire. Naturellement nos bas gardaient plusieurs de leurs trous.

Avec maman, rien ne se perdait. Une fois lues, ces publications prenaient le chemin de mon lit où, par centaines, elles s'empilaient sous mon sommier défoncé et servaient de solage à mon long corps d'adolescent endormi. Pas si endormi que cela car, après d'interminables lectures de grands écrivains, comme Michel Zévaco, il me plaisait, avant de m'endormir, d'étendre mon bras sous le lit et d'en ramener une revue que je parcourais de la première à la dernière page. Je lus tout, de sorte que j'en vins à posséder une enviable culture de potins du spectacle de la francophonie. Que de temps perdu, me disais-je.

Un grand nombre d'années plus tard, je devais découvrir que ce temps n'avait pas été perdu et qu'on n'apprend jamais rien pour rien. Il m'arrivait, chaque printemps, après une dure saison d'écriture, de m'enfuir vers la Côte d'Azur, à Cannes, pour me débarrasser d'une fringale de jeu de hasard qui me saisit chaque printemps, par la faute de Dostoïevsky dont le roman *Le Joueur* m'avait fasciné.

Inconsciemment, je cherchais dans les salles du Casino Municipal, à Cannes, le héros de Dostoïevsky, Alexéï Ivanovitch, dont les désespoirs de joueur perdant m'inspiraient, car je voulais le venger. Ce soir-là, je n'ai pas réussi. J'avais tout perdu; il me restait juste assez d'argent pour payer mon hôtel. Il était minuit environ. J'arpentais la Croisette, l'âme plus disposée pour la steppe aride que pour cette soirée divine de mai tout embaumée de parfums divers, venus de là-haut, à Grasse.

Je fus attiré par la musique d'un orchestre dans les jardins de l'hôtel Carlton. Me montait dans la gorge, la chanson *Quand j'avais trente ans, à Cannes au Carlton.*

Tout un joli monde en habit ou en robe de soirée dégustait gaiement le champagne. L'orchestre se mit à jouer l'air célèbre *Venez donc chez moi, je vous invite.* Puis le chef fit stopper le tout et dit: «Mesdames et Messieurs, il est minuit. Le Carlton offre 100 000 francs ($200) à celui ou celle qui dira pourquoi nous avons commencé de vous jouer cet air.» Silence. Haussement d'épaules collectif. L'orchestre recommença de jouer l'air, et s'arrêtait à nouveau. Le maestro balayait de son regard l'auditoire. Ignorance absolue.

Pendant ce temps, j'étais en proie à une sorte

de fièvre étrange qui relevait de la pré-informatique. J'étais couché dans mon lit d'enfance sur les piles de revues de cinéma de maman. Moi qui, d'habitude, n'ai pas la mémoire des textes (j'ai perdu mon emploi d'enfant de chœur parce que je n'ai jamais pu apprendre le *Suscipiat*), je levai la main avec appréhension. «Oui, le jeune homme là-bas, vous le savez?» «Vous avez joué cet air, Monsieur, pour commémorer le 25e anniversaire de la mort du chanteur Jean Pizella, le plus célèbre interprète de cette chanson.» Il s'était tué en voiture sport blanche contre un des platanes, en face de l'hôtel! C'était cela. Acclamations. Un nouveau Pic de la Mirandole venu du Québec. Merci maman.

Je courus vers le Casino, misai gagnant deux fois sur le rouge (à cause de l'enfer et du parti libéral) et quadruplai ainsi ma mise. Et je me sauvai. La culture de ma mère m'avait permis de venger Ivanovitch.

C'est une des nombreuses occasions où j'ai découvert que c'est à maman plus qu'aux écoles qu'il m'a souvent été donné d'être gagnant dans la vie. En ce temps de Noël, je tiens à le lui dire, au-delà du ciel. Même partie, elle a toujours mis quelque chose dans mon bas de Noël.

Le vieux bas rouge

Petit Jésus, j'ai froid! Je suis seul au salon en ce 24 décembre au soir. Ma femme s'affaire à la cuisine en vue du réveillon et les enfants sont sortis. Echelonnés entre seize et vingt et un ans, il y a belle lurette que cet arbre de Noël que j'ai devant moi ne les intéresse plus, cet arbre de Noël qu'à travers ma nostalgie et ma tristesse je vois piqué d'abcès de fausse joie: ces boules dodues, multicolores. J'ai fermé la radio, les *Minuit, Chrétiens,* les *Venez Divin Messie* m'horripilent.

Verser quelques larmes me soulagerait. Est-ce l'âge, est-ce l'évocation de mes petits, en pyjamas, trépignants, fébriles, le 24 décembre, il y a des années, que je réussissais à faire s'endormir avec la promesse que je les réveillerais au retour de la Messe de Minuit, pour leur en mettre plein les yeux de ces cadeaux qui s'étendaient par dizaines, du pied du sapin jusqu'à la cuisine (je leur achetais tous les jouets dont j'avais rêvé au cours de mon enfance); est-ce l'usure de la magie de Noël, est-ce le sentiment aigu et soudain de toutes mes enfances perdues qui me gifle, qui fait que je me lève, désemparé comme un orphelin? Maman!

Un besoin urgent de voir ma mère me prend. J'avertis ma femme que je vais faire un tour. Que de belles maisons illuminées comme la mienne dans cette Haute-Ville cossue! Je descends à pied la Côte, j'arrive en bas, mon vrai chez-moi. Tout m'est familier et chaud ici: ce quartier m'enveloppe comme un bon vieux paletot de chat miteux. Je suis content qu'il fasse froid.

Ma mère est bien surprise de me voir sourdre. Elle n'a pas l'air triste. Ses vieux yeux rieurs me regardent par-dessus les lunettes, mais elle ne s'arrête pas de repriser des bas qu'elle tire d'une grosse boîte de carton où il doit y en avoir des centaines.

— Je t'en prie, maman, tu as le moyen de ne plus repriser des bas, lesquels d'ailleurs ne peuvent plus servir à personne.

— Je n'ai surtout pas le moyen de les oublier. J'ai gardé tous vos bas; vous étiez dix, tu sais. Chaque paire de bas me rappelle un de vous, ceux qui sont morts aussi.

Je me sens idiot, la gorge serrée. Mais ma mère a le cœur cicatrisé, des cicatrices toutes roses de souvenirs et qui continuent à faire fleurir le sourire sur ses lèvres.

— T'en fais pas, tu sais bien que pour moi vous êtes tous vivants. Tiens, cette paire de bas me rappelle l'hiver du tremblement de terre, cette autre, l'année où ton père t'avait fait un petit banneau. Il avait eu du mérite, tu sais, c'était l'époque où il travaillait dix-huit heures par jour. Mais l'*overtime* était bienvenu. Tiens, ça ne te dit rien ces bas rouges? Vos bas de Noël, regarde les trous des clous. Ces trous-là, je ne les repriserai pas.

Bien sûr, je les avais repérés ces bas rouges. Toute mon enfance me remonte des entrailles. Ils étaient merveilleux ces longs bas de laine rouge qu'on roulait par-dessus le pantalon jusqu'à mi-cuisse où on les fixait par une solide bande élastique taillée dans des chambres à air de pneus. C'est eux qu'on choisissait à Noël pour pendre au clou, parce qu'ils contenaient tellement. Je les revois, ils étaient dix en ligne sur la plinthe, sous le calendrier de saint Joseph. A notre réveil, le 25 décembre, on les trouvait remplis de bonbons, de pommes, d'oranges *Sunkist*. Ah! les bonnes oranges avec jus et chair dont on se contentait, gamins, à l'année longue, de sucer les pelures éparses sous la fenêtre de cuisine de la maison des Frères!

Je me sens plein d'allégresse tout à coup. Ma mère tourne la tête et, je ne sais pourquoi, je lui vole un vieux bas rouge et le fourre dans ma poche de paletot, furtivement. Je pars presque comme un voleur heureux. Comme un voleur j'arrive chez moi, chipe oranges, pommes et friandises dans le réfrigérateur, en remplis mon bas et l'accroche à la plinthe d'acajou. Je suis comme avant, Noël est beau. Je ne sais pourquoi, j'ai hâte que les enfants arrivent après la Messe de Minuit et voient mon bas. Je me prépare inconsciemment un petit discours.

Enfin, le moment est venu. Ils sont tous là, entourant le sapin, récupérant ces cadeaux qui leur sont dus chaque année. Ils sont bottés de beau cuir, culottés de collants luxueux et le torse moulé dans des tricots italiens.

Ça y est, ils ont vu mon bas. Mon cœur se serre. Ils seront peut-être émus, eux aussi. L'un d'eux s'écrie:

— Attends-tu un petit pauvre, papa?

Je suis désorienté. J'ai envie de crier: «Le petit pauvre c'est toi!»

Je me contente de soupirer et de contempler les cravates qu'ils m'ont achetées avec mon argent et que, demain, je leur verrai au cou.

Petit Jésus, j'ai froid!

Gérald Martineau
et les machines à écrire

Le frère Paulin, mon professeur en huitième, nous suggérait toujours de commencer l'année par l'inscription sur un bout de papier ensuite scellé, d'une série de bonnes actions que nous nous engagions à accomplir dans les mois à venir. Je désire en faire une pour cette année qui se termine.

Elle concerne M. Gérald Martineau, conseiller législatif et trésorier de l'Union nationale sous M. Duplessis, et dont il a été la mode de le vitupérer et de salir sa mémoire. C'est surtout dans la série télévisée *Duplessis* que je n'ai pas reconnu cet homme fermé, qui a beaucoup souffert et fait souvent souffrir les autres. Il ne s'agit pas de l'absoudre des péchés qu'il a ou n'a pas commis, mais de projeter sur sa personne un éclairage différent.

C'était un homme petit, aux cheveux poivre et sel et au visage dur. En 1950, il tenait toujours, rue Saint-Pierre, à Québec, un commerce de machines à écrire, dont on disait qu'il en vendait beaucoup au Gouvernement. Rue Saint-Pierre, c'était la rue Saint-Jacques de Québec. On y voyait des banquiers, des courtiers, ou encore Bona Arsenault, avec sa canne, comme gérant de la Confederation Life, après avoir été directeur du *Journal* (qui fut fusionné avec l'*Evénement*) et où avait brillé Louis Francœur; on y admirait l'élégant Maurice Samson avec ses airs de Maurice Chevalier à cause de son canotier, à l'époque où il jetait les bases de la célèbre étude de comptables Samson, Chartré, Beauvais; s'y agitaient de jeunes avocats d'avenir, Guy Roberge, Bob Lapointe, ou l'éditeur Louis-A. Bélisle. C'est rue Saint-Pierre que j'ai écrit en partie *Au Pied de la Pente douce* et *Les Plouffe,* juste en face du magasin de Gérald Martineau à qui j'en voulais parce que, dans la même zone de stationnement, il n'écopait jamais de contraventions, quand moi je les collectionnais.

J'ai toujours eu un faible pour les dactylographes. Je contemplais, dans sa vitrine, les superbes machines neuves (la mienne datait de 1920 et me fut donnée par mon père qui prétendit l'avoir trouvée dans une poubelle), quand M. Martineau ouvrit la porte. «C'est toi, Roger Lemelin?»

Je me raidis, car je savais qu'on m'en voulait, dans l'Union nationale, pour les chroniques acerbes que je faisais parvenir à New York à titre de reporter de *Time.* «Entre.» J'entre. On s'assied. «T'as refusé l'ordre du magazine d'aller écrire sur le coma diabétique de M. Duplessis au Ritz-Carlton?» «Oui. Je n'écris pas sur les maladies des gens.» «Très bien. Choisis-toi une machine dans la vitrine, je t'en fais cadeau.» «Non, impossible.» «A moitié prix alors.» «Non.» Un homme entra avec une valise. M. Martineau ouvrit la porte d'acier d'une chambre forte assez grande pour contenir les trésors du Vatican, y rangea la valise et fit asseoir l'homme dans un coin. «Attends-moi là, on comptera tantôt.» Il revint à moi.

«Faut pas que tu penses que je veux t'acheter. Tu vas comprendre. J'ai un fils, Robert, qui souffre de diabète. M. Duplessis et Robert sont comme mes deux enfants. Leur maladie, pour moi, c'est un martyre et, à cause de ça, ils sont toute ma vie. L'Union nationale, l'argent, le pouvoir, je les enverrais promener si ça pouvait les guérir.» Il se rendit à un classeur, chercha très peu et revint avec un document qu'il me présenta. «Facture à Joseph Lemelin. Machine à écrire Underwood usagée, 1920, caractère Elite, $60.00, entièrement payée en 12 versements de $5.00 par mois.» C'était daté de 1936, l'année où mon père ne travaillait que trois jours par semaine. «Au moins, je peux te donner ça», dit M. Martineau.

C'est un peu pourquoi, dans les années 1960, j'ai été indigné, au cours de l'enquête Salvas, d'apprendre qu'un policier de la SQ montait la garde à la porte de la chambre d'hôpital où Gérald Martineau agonisait, peu après la mort de son fils Robert.

Si le monde des Arts est cruel, il est séraphique, comparé au monde de la politique quand les purs prennent le pouvoir.

C'est sur ma vieille Underwood que j'écris ces petites choses.

La bouche des enfants

Notre sympathique ministre canadien des Finances, Jean Chrétien, me racontait, après son discours du budget, en novembre dernier, avec quel soin il s'était préparé à le livrer dans les deux langues. Dans son salon, à Shawinigan, arpentant la pièce, il déclamait son Evangile fiscal (curieusement Evangile signifie «bonne nouvelle»). Il le répéta tout haut en français trois fois, et en anglais cinq fois, car Jean Chrétien, admirateur de Boileau, comme son maître répète à tous: «Cent fois sur le métier remettez votre ouvrage.»

Mais cela n'est rien quand on pense que Jean Chrétien, dans son salon, a couru un danger qui eût pu lui coûter sa carrière. Il récitait son discours devant son petit bonhomme de fils, qui a pour son père une admiration sans borne. Cela n'aurait rien eu d'original, si cet enfant n'avait été doué d'une mémoire prodigieuse. Il est très imprudent de laisser boire ses paroles par ceux qui se les rappellent toutes. Toujours est-il que le fiston, se plantant devant son ministre de père affalé d'épuisement dans son «lazy-boy», se mit à lui déclamer, mot pour mot, les deux discours prévus aux Communes pour le lendemain.

«Mais avez-vous pensé, Monsieur le Ministre, au risque que vous avez couru, quand on sait que tant de méchants adultes rôdent autour des petits pour toutes sortes de raisons, dont celle de leur arracher la vérité, car on dit qu'elle sort de leur bouche? Des courtiers, des spéculateurs, auraient pu...»

Jean Chrétien protestait: «Ce qui se passe chez nous reste chez nous. J'élève bien mes enfants.» Je lui racontai donc l'anecdote suivante:

Alors que, dans les années 50, j'écrivais *La Famille Plouffe*, les deux pieds sur mon chien boxer (quand j'écris mes pieds gèlent), mon blond diablotin de fils Pierre, huit ans, rôdait constamment autour de mon pupitre ou grimpait derrière ma chaise et, appuyé dans mon dos, me regardait écrire. Je croyais qu'il s'intéressait surtout au jeu de mes doigts.

Un jour, ma femme, inquiète, m'apprit qu'elle avait trouvé une poignée de pièces de cinq sous dans les poches de pantalon de l'enfant. Depuis quelque temps, il se bourrait de friandises et affichait des airs délurés de minuscule taupin. Je fis parader mon fils. Prudemment, j'essayai de connaître la vérité. Il restait coi, les yeux baissés. «Où as-tu pris cet argent? L'as-tu volé?» «Non.» «Tu sais, l'honnêteté est une vertu fondamentale, dans la vie. Et là-dessus, je ne badine pas.» Pas un mot. L'interrogatoire dura de longues minutes, humiliantes pour mon égo; moi qui pouvais si facilement faire parler des dizaines de personnages, j'étais incapable d'arracher un mot à ce petit bout d'homme. Enfin, il se décida. «C'est dans l'autobus.»

L'explication était ravissante. Le mercredi matin, jour de l'émission télévisée, le marmot se levait à bonne heure et lisait le scénario rangé dans le tiroir de mon pupitre. Il courait ensuite vers l'autobus qui le transportait à l'école, où tous les passagers, qui le savaient mon fils, l'attendaient impatiemment. «Pis, Pierre, qu'est-ce qui arrive aux *Plouffe* ce soir?» Il leur racontait l'intrigue, puis s'arrêtait juste avant la fin, qui comportait toujours un effet inattendu. Tous, le chauffeur compris, étaient suspendus à ses lèvres. «Pis, Pierre, comment ça finit?» Alors l'enfant, les deux poings sur les hanches: «C'est cinq sous chacun, tout le monde, si vous voulez le savoir.» Et il faisait sa quête.

Je roulai de gros yeux. Mais mon fiston sentit que j'avais envie de rire. Enhardi, il me fit un clin d'œil: «Je pourrais leur charger vingt-cinq sous. Ils paieraient quand même.»

Les beaux quartiers

Certains quartiers urbains semblent prédestinés. C'est ainsi que le quartier Saint-Sauveur, à Québec, où je suis né, a produit des personnages fameux à toutes sortes de titres. Le saint jeune homme Gérard Raymond, le grand ténor Raoul Jobin, le ministre Pierre Bertrand. Un géant. On l'appelait Pit et il devint célèbre par sa lutte héroïque contre les pelles mécaniques, au nom des manieurs de «petites pelles», lors du creusage de l'égout collecteur. En 1935, au cours de la visite du fabuliste Franc-Nohain, père de l'acteur Claude Dauphin, il avait salué, à l'occasion d'un banquet en l'honneur de l'écrivain, la présence du Recteur de l'Université Laval, Monseigneur Camille Roy, critique littéraire à ses heures, en ces termes: «Monseigneur le rectum.» Je n'oublie pas Jacques Normand, le réputé fantaisiste, Léopold Dion, le tueur d'enfants, et le plus grand criminel canadien, Albert Guay.

Vers 1939, immobilisé dans une chaise roulante à la suite d'un accident de saut à skis, je me vis confier par le frère directeur de l'école voisine, la copie au dactylographe d'une conférence du frère Marie-Victorin intitulée: «La Passion d'Oberammergau». (Village de Bavière. On y joue la Passion tous les dix ans. Le Christ est incarné par un villageois.)

L'éminent naturaliste était l'idole des frères des Ecoles chrétiennes au même titre que saint Jean-Baptiste de la Salle et que le beau Guy de Fontgallant. On m'avait enseigné qu'il était un grand écrivain et l'on proposait son style aux écoliers de huitième année. Au moment où cette conférence me fut remise, j'avais depuis quelque temps échappé à l'influence littéraire victorine pour me ranger derrière les rigoureux La Fontaine, Mallarmé et Valéry. En lisant cette œuvre, je me permis un peu prétentieusement de souligner en marge du texte, les boursouflures, les naïvetés et les redondances du style trop ampoulé à mon goût. Mais c'est avec plaisir que je le copiai.

Quelle ne fut pas ma surprise, quelques semaines plus tard, alors qu'assis sur la véranda, je regardais passer les rares automobiles en écoutant chanter les cantiques du mois de Marie par les religieuses du couvent tout proche, de voir s'arrêter sur le trottoir de bois d'en face un frère à bavette (rabat) double, c'est-à-dire des Ecoles chrétiennes. Les frères maristes, comme le frère Desbiens Un Tel, en portaient une simple, le frère Desbiens que mon oncle le regretté recruteur frère Angelicus, mariste aussi, trouvait bien malcommode. Ce visiteur inconnu, c'était l'auteur de *La Flore Laurentienne,* Marie-Victorin, qui devait mourir quelques années plus tard dans un accident d'automobile, tout comme Louis Francœur, Jean-Marie Nadeau et André Giroux. Elégant, grand, distingué, la voix douce, il me remercia d'avoir copié sa conférence, et se dit surtout étonné des notules que j'avais inscrites en marge de son texte. A tout prendre, même si cela dérangeait sa musique intérieure, ces remarques l'avaient fait réfléchir, mais je sentais qu'il s'intéressait davantage à la rigueur scientifique qu'à la sécheresse mallarméenne. Il commençait à m'inculquer, dans des propos charmants, le goût pour les sciences naturelles, quand une auto au capot baissé s'arrêta devant la maison. Une jolie brune était assise à côté du chauffeur, un long jeune homme maigre et nerveux qui sauta dans la rue et se dirigea en courant vers moi, la main tendue.

«J'ai commencé à travailler à l'arsenal Saint-Malo, et je me marie la semaine prochaine. Je tiens à connaître mes voisins et à les fréquenter. J'ai loué le logement d'en face. Je t'invite à mes noces, dans ta chaise roulante. Ça va être un beau party en chapeau de castor. On se marie seulement une fois, non? Dis pas non. Tu viens. On va bien s'entendre. Ma femme te trouve sympathique. Et vous, frère, vous pouvez venir aussi. J'ai deux tantes religieuses.» Je fis remarquer à ce curieux individu qu'il avait devant lui le célèbre frère Marie-Victorin, le grand naturaliste, étranger à la paroisse. L'intrus, nullement démonté: «Comme ça, vous pouvez différencier un champignon empoisonné d'un bon champignon?» «En général, oui.»

«Content de savoir ça. Je me présente: Albert Guay, machiniste et bijoutier à ses heures.» Il partit. «Oublie pas mes noces, Roger.» Et il démarra en vitesse aux côtés de la jolie brune Rita Morel qui devait périr dans l'éclatement du DC3 qui, en septembre 1949, fit d'Albert Guay le plus grand criminel du Canada.

Hubert Aquin
et les jeux de hasard

Il y a peu d'années, au mois de mai, j'habitais depuis quelques jours un chaleureux petit hôtel à Beaulieu-sur-Mer, appelé *La Réserve*. Charlie Chaplin, sa femme Oona (fille du dramaturge américain Eugene O'Neill) et ses enfants venaient y dîner quelquefois. C'est sur la plage près de *La Réserve,* qu'à l'âge de 70 ans, Picasso et Charlie sautaient de pierre en pierre pour prouver leur verdeur à leurs admiratrices installées sous des ombrelles, avec les peintres Fernand Léger et Van Dongen. C'était donc un hôtel fréquenté par les célébrités.

Ce jour-là, on pouvait y voir Paul Desmarais, de Montréal, et William Fuller, son ami, un très riche Texan racé, dont les millions se comptent par centaines. Je les quittai au café pour deux raisons: ils attendaient la visite de leur ami Aristote Onassis pour discuter de transactions pétrolières je suppose, Onassis qui habitait tout à côté dans son yacht de luxe, le *Christina,* amarré dans la baie de Monte-Carlo. Il avait acheté ce bateau pour une bouchée de pain du gouvernement canadien après la guerre, et l'avait transformé et décoré selon ses besoins. J'étais peu intéressé à lui parler, car il pleurait encore la perte de son fils Alexandre tué dans un accident d'avion particulier. La seconde raison était plus urgente. Je venais de recevoir un coup de téléphone de Nice, de la part de l'écrivain Hubert Aquin, où il participait au Festival du Livre. Il s'amenait pour me remettre des cigares Davidoff achetés en Suisse, où il avait dû passer pour des affaires personnelles; nous devions ensuite faire une balade en auto sur les trois corniches taillées à même les Basses-Alpes.

Arrive Hubert, tout pimpant, lunettes fumées, cheveux lisses à la Ramon Navarro et faisant claquer la porte de la Corvette louée dont le moteur grondait en nous attendant. Presque en même temps qu'Hubert, Onassis entre dans l'allée de l'hôtel. Quel changement avait transformé le gai vieux play-boy qui faisait le diable dans les tavernes d'Athènes pour émerveiller Jackie Kennedy! Courbé, ravagé, c'était maintenant un vieillard en «jeans» de marin. J'expliquai le rendez-vous auquel il se rendait et l'œil d'Hubert lança des flammes. «Oh! J'aimerais le rencontrer. Ces millionnaires olympiens me fascinent.»

Hubert parlait souvent des sommes folles qu'il

eût pu réaliser lors de son séjour comme courtier en valeurs mobilières et rêvait d'être très riche pour pouvoir se procurer les meilleures autos de course au monde.

Il se contentait aujourd'hui de sa Corvette, mais dès la première corniche, je me rendis compte avec appréhension qu'il était déterminé à en tirer tout le jus. A la première corniche, il était Fangio. Je le suppliai de ralentir. C'est moi qui étais du côté des précipices. Les deux pieds enfoncés dans le plancher contre des freins imaginaires, je serrais les dents. «Arrête-moi ça!» Il devenait Belmondo. Je revivais les superbes pages sur le sujet dans son roman *Prochain Episode*. Deuxième corniche. C'était du plus pur Clark. Les courbes sur deux roues, puis face à face avec un camion, qu'il évitait au dernier moment d'un coup de volant. J'étais sûr de mourir. Plus on montait, plus il accélérait, plus les précipices s'approfondissaient, plus Hubert semblait transporté d'extase dans sa vrombissante symphonie de pistons, plus je transpirais, plus je lui criais: «Arrête Hubert, j'ai une famille, moi!» J'étais convaincu que ma dernière heure était venue.

Le martyre dura quarante-cinq minutes. Soudainement, Hubert se mit à ralentir et à me regarder candidement. «T'as eu peur?» «Un peu. Y a pas à dire, t'aimes ça risquer ta vie?» «Ça ne vaut pas la peine de vivre si on ne vit pas intensément.»

Je m'épongeais encore le front quand, passant devant le casino de Nice, je demandai à Hubert de s'arrêter car le moteur fumait. Nous nous rendîmes aux tables de jeu et je misai cent dollars sur l'impair. Ce genre de risque me soulagerait, me permettrait de retrouver mon équilibre nerveux. «Allons, Hubert. Mets ta mise.» Hubert ne bougeait pas. «Je ne suis pas riche, moi.» Il était devenu d'une extrême timidité et semblait apeuré. «Par principe, au moins, risque $10.» Il hésita, puis hocha fermement la tête. «Non, j'ai une famille, moi. Et puis, tu sais, je n'aime pas les jeux de hasard.»

Joe Louis et les écrivains

Des sommités sportives américaines ont récemment fêté Joe Louis, que les photos ont montré en chaise roulante et presque aveugle à soixante-quatre ans. Les années nous apparaissent impitoyables quand on pense au magnifique spécimen physique qu'il incarnait.

Vers 1935, il était une idole, une légende encore plus importante que Mohammed Ali ne l'a jamais été. Tous les aspirants, terrorisés au son du gong par cette montagne de muscles luisants, tombaient comme des mouches devant lui. On se rappelle Max Baer qui avait disposé du géant italien Primo Carnera (dont le tragique destin a inspiré un roman célèbre, *The Harder They Fall*), Tony Galento, surnommé le baril de bière, Max Schmelling, le beau Billy Conn et combien d'autres. La plupart des jeunes rêvaient d'être aussi forts que le «bombardier brun». Même les mères l'aimaient, car Joe Louis adorait sa maman, tout comme Vic Cotroni et Harry Truman.

Il devint un tel symbole d'invincibilité que la

race blanche humiliée lança un tournoi dans toutes les villes d'Amérique pour dénicher «l'espoir blanc» qui mettrait Joe Louis à sa place. Ce fut une véritable rage et un succès financier. Les jeunes fiers-à-bras de chaque village s'entraînaient ferme pour accéder aux éliminatoires dans les arénas des grandes villes.

Je n'échappai pas à cette tentation. Ayant connu de sanglants succès dans des batailles de quartier, ayant six pieds et pesant 185 livres, je me crus destiné, n'ayant jamais douté de rien, à ravir la couronne de Joe Louis. Je n'avais jamais songé à la littérature comme voie vers les honneurs, aussi laissai-je le soin à mon frère André d'écrire un poème sur les espoirs blancs, lequel poème lui mérita un prix du journal *Le Soleil,* le jour même de mon combat à l'aréna contre un fier-à-bras de la Rive sud. Dès le premier round, il m'envoya rouler dans un coin d'une solide droite que je n'avais pas vu venir, qui me cassa le nez et mit fin à ma carrière de pugiliste, car ma myopie naissante me préparait de plus en plus à ne pas voir plus loin que mon nez, tout croche depuis ce jour. Etant Bélier, comme Emile Zola, Duplessis et Hitler, j'avais oublié les conseils des astrologues qui mettent les Bélier en garde contre les blessures à la tête.

Vingt ans plus tard, quelle ne fut pas ma surprise d'être convié avec la comédienne Amanda Alarie (Maman Plouffe), à un banquet pour célébrités sportives dans un restaurant de Montréal, où Joe Louis était invité d'honneur. J'ai supposé d'abord que le fait d'écrire une série télévisée était considéré comme un exploit sportif et me valait cette insigne faveur. La vérité était tout autre. Joe Louis avait vu *The Plouffe Family* à Toronto et désirait à tout prix rencontrer Amanda Alarie qui, même blanche, ressemblait tellement à sa maman.

Maman Plouffe n'ayant pu venir, je me rendis au banquet avec Laurent Jodoin. Il y avait là Butch Bouchard, King Clancy, Ace Bailey, Maurice Richard et combien d'autres athlètes de toutes les disciplines, dont la jolie Egyptienne Fawzia Amyr, qui s'adonnait à Montréal à la danse du ventre, Fawzia dont on disait qu'elle avait été la petite amie du roi Farouk avant sa déchéance. Sacré Farouk, dont j'étais à trente ans le véritable sosie, quand il était encore mince, sauf pour le zizi qu'il avait si petit qu'il fut la cause première de tous ses malheurs.

Revenir à Joe Louis après cette incidente est facile, car des veuves riches l'attendaient en limousine à la porte du restaurant, espérant des miracles

de la montagne de muscles dorés. Je ne sais ce qu'ils ont ces gros et grands garçons à nous surprendre avec une petite voix de crécelle. Telle était celle de Joe Louis, qui me parlait par monosyllabes, quand moi, avec force gestes, essayais de lui faire oublier l'absence d'Amanda en lui parlant de mon métier de dramaturge à la télévision, et de mon nez cassé d'espoir blanc.

Il lançait ici et là des «ya», «ya» presque intéressés, quand soudain il me demanda de lui faire une grande faveur: se faire photographier avec moi. «Car, me dit-il... Moi... j'aime pas la boxe... j'aimerais mieux écrire.»

Voici, preuve à l'appui, la photo.

La jeunesse malade catholique

Durant la crise économique, il y eut au Québec une véritable épidémie de mouvements d'Action Catholique. Tellement que, syndicalisés, ils eussent pu s'affilier à la CSN, à la pieuse époque où on l'appelait encore les Syndicats Catholiques. Ah! c'était le beau temps pour l'Eglise. Gérard Pelletier, Jeanne Sauvé, Roger Varin, Claude Ryan (tout jeunet) s'agitaient comme animateurs des mouvements distingués comme la JEC (Jeunesse étudiante catholique), et publiaient un mignon petit journal bleu ciel, tandis que les Fred Rouleau et autres champions du social s'affirmaient dans la JIC (Jeunesse indépendante catholique) et la JOC (Jeunesse ouvrière catholique). Pierre Elliott Trudeau flirtait du côté des scouts, considérés comme des impies. Mais c'était tout du même et du pareil, puisqu'il s'agissait de gambader autour d'un feu d'idées et de traiter comme quantité négligeable ceux qui ne se joignaient pas à la danse. Moi-même je fis partie de la JOC de ma paroisse, mais j'en sortis au bout de trois semaines, horrifié par les récits macabres que nous débitait l'animateur sur les Jésuites martyrisés par les méchants Mexicains.

Les études supérieures à cette époque étant réservées à ceux qui voulaient devenir prêtres ou aux fils de bonnes familles argentées, peu d'issues s'offraient à celui qui n'avait pas la vocation ou dont les parents étaient trop pauvres. S'il rêvait de s'affirmer, il ne comptait que sur les sports, comme pour les nègres. La boxe? Je m'étais fait casser le nez. Le hockey? Impossible. Sur patins je n'ai jamais pu tourner les coins de la patinoire. Car j'avais des jambes à skis. En fait, il paraît que j'étais un sauteur d'avenir. En 1936, je me préparai donc furieusement pour les premiers essais où l'on choisirait les représentants de l'équipe canadienne de saut pour les Olympiques d'hiver à Garmisch-Partenkirchen (près du nid d'aigle d'Hitler) en Bavière. Mal m'en prit. Je sautai trop loin et me brisai une cheville, fracture qui tourna mal, puisqu'elle me fit choir dans un sanatorium, dans le fond d'une salle où des tuberculeux toussaient, crachaient et mouraient beaucoup. A cette époque, la streptomycine et le rumifon n'étaient pas découverts.

Quel cauchemar j'ai été pour les religieuses! Plein d'une féroce énergie, à cloche-pied, je parcourais les salles, de lit en lit, sauf chez les femmes où il nous était défendu d'aller, parce que dixit Mère Adéodat, les tuberculeuses avaient le sang trop chaud pour supporter la vue des hommes. A titre d'exemple de mes méfaits, je confiais sous le sceau du secret aux nouveaux arrivés des campagnes que j'étais le fils bâtard de la mère économe, j'enduisais de mélasse, la nuit, les moustaches des malades à barbe, et quand je me rendais en civière à la salle de rayons X, un faux mouvement faisait glisser le drap couvrant mon corps nu. Des plaintes s'élevèrent et on commença de parler d'expulsion. Mais je fus protégé par la mère supérieure qui me prêtait ses lunettes de myope au cinéma de l'hôpital parce qu'elle était américaine et se montrait ravie de me découvrir si intéressé à l'anglais, dont j'allais lui réclamer une leçon quand j'avais fait un mauvais coup.

Malgré tout, je sentais venir la fin. Je fis part à mère supérieure de mon intérêt pour les mouvements d'Action Catholique. Elle en fut enchantée et me permit d'aller vendre, chez les femmes, lit par lit, des calendriers de Saint-Joseph (symbole de la chasteté), dont les recettes étaient destinées à la caisse provinciale de la JOC, mais dont je me servais pour acheter du tabac ou des friandises à mes camarades d'infortune. Ah! si on pouvait tout dire! Assis au bord de leur lit, je me rendis compte que les filles chauffaient vite, comme l'avait affirmé mère supérieure. On me chargea même d'aller évangéliser un bûcheron voltairien réfractaire à la Foi chrétienne. Il me traita de chien et je lui sautai à la gorge. Hélas, c'était un cas hémorragique.

Mais il germait, le grain de sénevé... Je commençais à correspondre avec les malades des autres sanatoriums, surtout les jeunes filles, très romantiques. Un rosaire d'Ophélies m'écrivaient de tous les coins de la province. Mon courrier s'épaississait de jour en jour... J'étais en train de jeter les bases d'un autre mouvement: la JMC, *la Jeunesse malade catholique*. D'autres poursuivirent mon œuvre, car on m'avait confié une émission de radio interne où, tous les dimanches matin, je récitais mon éditorial aux malades. Ce dimanche-là, je les avais enjoints à verser dans le crachoir leur verre de lait bleu, car on y mettait moitié lait, moitié eau.

Si le grain ne meurt. Les desseins du Seigneur sont impénétrables. J'ai accepté récemment la présidence d'honneur du Comité Provincial des Malades.

Les guérisseurs

En ce Québec tant marqué par la religion, les sorciers et les charlatans ont tenu une place importante. Ils sont un mal nécessaire pour compenser les impuissances des pouvoirs établis; ils font croire aux gens que la fatalité peut être conjurée. On les retrouve en politique, en religion, en art, en journalisme et en médecine. C'est pourquoi nous avons accordé tant d'importance à nos guérisseurs, qui ont ceci de particulier: il faut, pour avoir le «don», être le septième enfant mâle consécutif d'une famille et, en général, posséder sur la fesse gauche un kyste rouge en forme de fraise.

C'est pour en connaître davantage que mon chef de pupitre, vers la fin des années 40, me chargea d'interviewer le célèbre guérisseur Anatole Desfossés qui possédait, à travers la province, un réseau de cabinets de consultation volants, car le Collège des médecins le harcelait. Plus la dévotion à sainte Anne baissait, plus le nombre des fidèles de M. Desfossés grimpait, en même temps que son compte en banque. Embarrassé par un rhume de cerveau et n'osant tousser, je traversai une salle d'attente gonflée à bloc de malades divers, dont deux frères maristes à «bavette simple», de malades dont les yeux brillaient d'angoisse ou d'espérance.

Cordial, M. Desfossés, ce gros homme court, n'essaya pas de me convertir. A son doigt brillait un énorme diamant qui lui avait été donné par un riche Sud-Américain reconnaissant de l'avoir soulagé d'un eczéma chronique. Anatole m'expliqua que, pour contrer les manœuvres du Collège des médecins et la loi, il vendait à ses ouailles un livre racontant ses guérisons, au prix fort, payable en cinq versements, dont la remise coïncidait avec les consultations. Comment l'attraper, puisqu'il ne prescrivait aucun médicament et ne prêchait que la confiance en M. Desfossés. Il me fit rêver, comme il faisait rêver les médecins, car mon premier roman *Au Pied de la Pente douce* se vendait beaucoup moins cher et en bien moins grande quantité que son livre. Il me parla d'abord de ses soucis de trésorerie. Des milliers de gens lui envoyaient toutes les semaines des billets de banque par la poste et il se demandait si la secrétaire chargée d'ouvrir les enveloppes n'était pas tentée d'en distraire quelques-unes du butin. Refusant de se vanter de ses pouvoirs de guérisseur, il me donna l'adresse d'une patiente qu'il avait guérie.

Je montai un escalier en colimaçon de maison pauvre et rencontrai cette femme maigre, dans la soixantaine, veuve, et qui, pour gagner sa vie, exécutait des travaux de couture. Soupçonneuse, elle me raconta d'abord que, souffrant d'ulcères d'estomac, elle se voyait mourir en dépit de neuvaines, de pèlerinages à Notre-Dame-du-Cap, à Sainte-Anne-de-Beaupré et de prières à Notre-Dame-de-Lourdes. C'est Anatole qui l'avait guérie. Puis, elle me regarda fixement, avec une gravité qui me fit frissonner. «Ça n'est pas pour moi que je continue à voir M. Desfossés, mais pour quelqu'un d'autre qui n'y croit pas: mon fils unique. Il a une situation d'avenir dans une compagnie d'assurance. Mon fils souffre de cancer, qui a commencé par un bouton sur la langue. Maintenant, ça se répand dans la mâchoire. Je ne veux pas le perdre; j'ai tellement la foi que M. Desfossés va le guérir, même par délégation. Faut pas que mon garçon, que j'ai fait instruire grâce à mes travaux de couturière, apprenne ça. Il me haïrait.» Et, féroce, me mettant le doigt sur le front: «Je vous avertis, si vous vous moquez de mon histoire dans votre papier, je vous jette le mauvais sort.» Le soir, j'écrivis mon reportage.

Le lendemain, en me réveillant, j'avais un gros bouton sur la langue. Quelle affaire! Toute la journée, je le vérifiais avec mes dents. J'étais vraiment bouleversé. Le second matin, ce fut pire. Je feuilletai des livres de médecine. J'avais tous les symptômes. Je perdis l'appétit. Le troisième matin, après une nuit sans sommeil, je vérifiai ma bouche dans le miroir. Le bouton se présentait comme une cerise sur ma langue enflée. L'affolement me prit. Mon premier mouvement fut d'aller voir Anatole Desfossés.

Mais mon orgueil vint à la rescousse de mon scepticisme défaillant. Je me rendis voir le docteur Jean-Louis Bonenfant (frère de Jean-Charles), pathologiste à l'Hôtel-Dieu, et lui expliquai fébrilement ma tragédie. Je le suppliai de me faire un prélèvement. Jean-Louis, pas nerveux, m'ouvrit la bouche toute grande, tâta le bouton du mauvais sort, puis me la referma comme un claquoir.

«T'as la gorge toute rouge. Tu fais une amygdalite.»

Et il se mit à rire à gorge déployée. «Méfie-toi donc de ton imagination de romancier. Pendant la nuit, après cette rencontre avec M. Desfossés et cette dame, tu t'es sans doute mordu la langue pendant ton sommeil et les staphylocoques de ton amygdalite se sont introduits dans la blessure et y ont fait pousser ce gros bouton.»

Je l'aurais embrassé.

«Comme tu vois, c'est pas sorcier.»

J'ai fait fâcher de Gaulle

Maintenant que la vente du vin est permise dans les épiceries, j'éprouve moins de fierté élitiste à posséder un bon nombre de bouteilles rares, si ce n'est celle d'avoir, grâce à elles, fait fâcher le général de Gaulle; ce fut ma façon à moi d'entrer avec lui dans l'Histoire.

Enfanté par tous les livres que j'ai dévorés, j'ai toujours agi en fonction des lectures qui m'ont nourri. C'est ainsi que je me suis intéressé au beaujolais à cause de *Clochemerle*, et au bourgogne à cause des Romains qui, dès le deuxième siècle, découvrirent et développèrent la Bourgogne vinicole, dont la région de la Côte des Nuits, sertie du joyau suprême, le riche vignoble de la Romanée-Conti, qui produit environ 16 000 bouteilles par an, sur un petit coteau que Stendhal désignait comme «un lopin de glaise sèche». César adorait cette liqueur extraordinaire, «à la visnée sans pareille, à la couleur brillante, veloutée, dont le parfum et le feu charment tous les sens». Les princes de Conti devinrent plus tard les propriétaires de ce trésor; la Pompadour, maîtresse de Louis XV, en appréciait au plus haut point «le bouquet pénétrant de violette et de cerise fumée, sa robe d'un rubis profond et son goût d'une suavité exceptionnelle». A tel point qu'au début de sa liaison avec Louis XV, elle profita de sa reconnaissance d'homme comblé qui lui déclarait: «Ma mie, demande-moi ce que tu voudras, je te le donnerai.» «Je veux le domaine de la Romanée-Conti.» Mais le prince de Conti, qui réservait la plus grande part de ce vin à son usage personnel et à celui de ses amis, envoya promener le roi. Vendues comme biens nationaux en 1791, lors de la Révolution française, ces vignes, constituées de plants français non greffés, furent détruites par le phylloxéra au cours de la Seconde Guerre mondiale. Elles furent replantées en 1946 sur des porte-greffes américains de Californie.

En 1965, ce sont à ces choses que je songeais, planté devant la vitrine d'un marchand de vins, rue Harding à Miami. Les Etats-Unis et la France se boudaient, de Gaulle ayant démantelé les installations militaires américaines en France, et les Etats-Unis, en représailles, boycottant les parfums, les fromages et les vins français. C'est stupide, me disais-je; les Américains ont sauvé la France, et la

Californie le vignoble de Romanée-Conti. Hélas, caprice de l'Histoire, de Gaulle commençait sa grande crise d'autodétermination. Tout à coup, mes yeux se dilatent. Je vois, dans le monceau de bouteilles offertes, une bouteille de Romanée-Conti, 1963, $5.50, ce vin réputé introuvable. Je me précipite. Le vendeur me confirme la vérité. C'était bien le grand des grands vins, mais les Américains n'y connaissaient rien et, de plus, ils boycottaient les produits français. Il possédait 200 bouteilles en stock. J'achetai le tout à $5.00 chacune et, bien sûr, payai la douane.

Mon voisin d'en face, avenue des Braves à Québec, le Consul général de France, Robert Picard, grand ami des Canadiens et fédéraliste parce que jacobin, s'en déclara enchanté. Pour nous récompenser, le soir, nous débouchions une bouteille en pensant à la Pompadour et aux moines d'Oka, à cause du fromage.

Puis vint le grand jour de 1967. Le général de Gaulle arriva à Québec. Après la grandiose réception qui eut lieu à bord du *France*, où tout le gratin canadien s'était amusé ferme, Robert Picard me dit, embarrassé: «Je reçois le Général à dîner demain soir. Peux-tu me passer six bouteilles de Romanée-Conti, mais je ne pourrai te les remettre.» «Avec plaisir, puisque j'aime la France.»[1]

A table, le lendemain soir, le Général, qui n'y voyait plus guère, mais possédait une solide fourchette, porta son verre de vin rouge à ses lèvres, et soudain le déposa en s'écriant: «Nom de Dieu, mais c'est du Romanée-Conti!»

Robert Picard lui en expliqua l'origine. Le Général bouillait: «Ils ont du Romanée-Conti aux USA, le vendent à rabais, et moi j'ai toutes les difficultés du monde à en avoir pour l'Elysée?»

C'est peut-être un peu cette colère qui, le lendemain, l'amena sur le balcon de l'Hôtel de Ville, à Montréal, à clamer: «Vive le Québec libre!» Peu après, Robert Picard fut rappelé en France et remplacé par un consul général fort sympathique au PQ.

Conscient désormais d'entrer dans l'Histoire par le Romanée-Conti, mal à l'aise devant tous ces Français gaullistes qui s'agitaient dans la maison d'en face, je déménageai à Cap-Rouge, m'y fis monter une cave à vin avec porte de banque, en pensant

---

[1]. J'ai vu Robert Picard récemment. Il m'affirme n'avoir jamais reçu de Gaulle au consulat.

à Ulysse, œnologue célèbre qui, en partant pour ses voyages, enfermait ses meilleurs vins dans ses appartements avec ses joyaux, ses habits d'apparat et son or.

Mes fils adorent le vin et connaissent tous la combinaison de la porte de banque.

Pierre Trudeau
à motocyclette

L'été 1970 fut pour moi un enchantement où nul bruissement de feuilles ne laissait présager les événements d'octobre. Ah! ce fabuleux mois de juillet, à Cap-Rouge, où, assis sur la véranda surplombant le fleuve, je me grisais de lecture, je ne l'oublierai jamais. Cyrille Felteau, mon ami et journaliste à *La Presse,* poursuivait chez nous sa convalescence. Je l'avais kidnappé de l'Hôtel-Dieu où on le soignait contre un dépérissement général de sa longue personne. De faux amis l'avaient incité à suivre une diète qui avait fait diminuer son poids à un minable 195 livres décharnées. Ce qu'il ne faut jamais faire avec Cyrille.

Ma femme le prit en main, c'est-à-dire le fit manger. Chaque jour, il faisait des progrès fabuleux. La cuisine était devenue une usine à tartes. Après les repas, la table ne présentait pas de restes, mon invité se chargeant d'avaler les morceaux que les enfants laissaient dans leurs assiettes. Donc je lisais un livre qui m'enchantait: *Journal à quatre mains* des sœurs Flora et Benoîte Groult (*Ainsi soit-elle*), pendant que Cyrille mangeait du sucre à la crème, les yeux perdus dans la Rive sud, vers son village natal, Saint-Anselme de Dorchester. Absorbé par ma délicieuse lecture, je n'avais pas vu un yacht appelé le *Dorénavant* s'ancrer tout en bas vis-à-vis de ma maison. Le *Dorénavant* de Roger Rolland, qui l'avait ainsi nommé pour signifier le début d'une vie nouvelle. Il avait décidé, encouragé par sa belle femme Madeleine, de ne plus faire d'enfants, en ayant déjà cinq très beaux. Le capitaine Rolland surgit sur la véranda. «Allô!»

Roger Rolland est le plus grand joueur de tours du Québec. Directeur à Radio-Canada, il téléphonait aux évêques en se faisant passer pour un cardinal de l'Eglise orthodoxe. Un jour, il fit déménager, pendant la nuit, à la porte de chez Paul Leduc, réalisateur et musicien qui se plaignait de l'absence de piano chez lui, un énorme piano à queue de Radio-Canada. Dans la grande maison, on criait «Au voleur!», ce qui ne s'y fait plus aujourd'hui. Et Paul Leduc se débattait comme un diable en clamant son innocence. Passant en yacht devant le chalet du sénateur Jean Marchand, le capitaine Rolland lui avait radiotéléphoné en lui annonçant qu'il venait lui livrer sa commande de cent gallons d'alcool de contrebande (c'était faux), alertant ainsi l'imaginative Gendarmerie Royale qui a depuis, et à tort, l'œil sur Jean. Je ne peux oublier que Roger m'avait confié, par une chaleur torride, le gouvernail du *Dorénavant,* en me forçant à enfiler des gants d'amiante, car, disait-il, «la roue chauffe». Je pris deux heures à m'apercevoir de la blague.

Le capitaine Roger, casquetté en bleu, goguenard, m'écoutait lui vanter les mérites littéraires des sœurs Groult. «Bah! je les connais. Elles ont été nos deux blondes à Paris, en 1947, à Pierre Trudeau et à moi. On les promenait à motocyclette et Pierre les estomaquait en montant avec sa moto les marches de l'escalier extérieur de leur maison.»

Encore une galéjade. Comment prouver le contraire? Fatigué de me faire arnaquer par ce grand fou de Rolland, je saisis le téléphone, réclamai Paris et Madame Flora Groult, écrivain célèbre. O miracle, cinq minutes plus tard, elle était au bout du fil. Je lui dis mon enthousiasme pour ses livres. Elle tombait des nues. Cap-Rouge, Canada? Oh! ça alors! Quelle plus belle preuve d'admiration que cet appel téléphonique qui coûterait bien des francs lourds! Quelle fraternité littéraire! Cet appel lui remontait le moral, car dans cinq minutes, le cœur dans l'eau, elle quitterait pour toujours l'appartement d'où elle me parlait, car elle venait de divorcer pour épouser un diplomate scandinave. Je lui dis qu'un certain Roger Rolland (qui souriait devant moi) prétendait l'avoir connue et fréquentée. «Roger Rolland, mais bien sûr. Est-il toujours beau? Et Pierre Trudeau, monte-t-il toujours les escaliers à motocyclette?»

Un an plus tard, je songeais à ce coup de téléphone, quand, faisant partie du groupe de journalistes qui accompagnait le Premier ministre du Canada en Russie, j'admirais Pierre Trudeau qui, par une chaleur torride, montait en courant comme un fauve, en jeans et chemise fleurie, devant les Soviétiques émerveillés, le grand escalier de Samarcande en Asie centrale.

Encore aujourd'hui je pense à cet entretien, et à Samarcande, et je continue d'admirer ce grand homme, qui tient le coup, tête haute, déterminé, inébranlable, contre anciens amis, contre vents et marées, toujours farouchement fidèle à sa vision politique d'un Canada uni dans le fédéralisme.

Et je ne peux m'empêcher de constater qu'en dépit de tous les obstacles, Pierre Trudeau s'obstine toujours à grimper à motocyclette l'escalier de son destin.

Le coffre d'outils

Il est frappant que plusieurs de nos romanciers, dont Louis Hémon, Réjean Ducharme et Jean-Yves Soucy aient été commis dans des chantiers d'opérations forestières. Moi-même, je fus comptable dans une compagnie de bois à fuseau qui me laissait assez de temps libre pour parfaire mon premier roman.

Mon patron, que j'appelais le grand «chaudron» parce qu'il chapeautait plusieurs petits «chaudrons» (nom donné par les bûcherons à leur contremaître immédiat), était bon pour moi. Sentant confusément le caractère respectable de la littérature, il évitait de sacrer et marchait presque sur le bout des pieds quand, près de lui, je retapais une page de mon manuscrit, dont je lui avais expliqué le contenu.

Mon grand «chaudron», homme costaud et nerveux, renommé pour ses incartades, possédait des moulins à scie en Gaspésie, où l'on préparait des barreaux de bouleau de diverses dimensions destinés surtout à alimenter les vastes usines de J. & P. Coats, en Ecosse, qui les transformaient en fuseaux à fil pour le monde entier. En 1942, pendant la guerre, les barreaux de bouleau québécois étaient en partie réquisitionnés à cause de leur blancheur, de leur texture lisse et satinée, de leur réputation auprès des tourneurs, pour la fabrication de manches de grenades et de certains instruments chirurgicaux. C'est à cette époque que se situe cette histoire vraie, qu'eût appréciée Molière.

Reconnaissant de gagner ma vie dans une industrie qui me permettait d'écrire un roman et d'être présent, par l'imagination, sur toutes les machines à coudre du monde, de faire mon effort de guerre en participant bien au chaud à faire sauter nos ennemis et à soigner nos blessés, je résolus de prouver à mon patron que j'avais le cœur à la bonne place. Puisque nos barreaux de bouleau étaient si essentiels à la victoire des Alliés, je pus obtenir d'Ottawa, par priorité A-1, l'autorisation d'acheter pour notre compagnie un des premiers tracteurs Caterpillar D-6 Diesel, avec bélier, treuil et coffre d'outils, celui-ci valant presque aussi cher que le bélier. Ces machines étant rares comme de la chique de pape, nous fîmes des envieux chez plusieurs grandes compagnies sans priorité, qui nous louaient à prix fort notre machine pour parer à leurs problèmes de drave du printemps. Hélas, notre chauffeur devint amoureux fou de son tracteur et mon grand «chaudron» amoureux fou de la femme du chauffeur.

Après le lunch, un jour froid de février, il arriva au bureau en riant et en brandissant une boîte de chocolats et une paire de jarretelles noires, genre French Cancan, pour «mission spéciale au chantier». Il me confia tout. L'argent qu'il ramassait à la pelle avec son tracteur le rendait heureux, bien sûr, mais son allégresse avait une autre origine: la femme du chauffeur l'aimait! Il avait soixante ans, et elle, à vingt-six ans, lui faisait les yeux doux en secouant ses abondants cheveux d'ébène. Son mari-chauffeur prétextait une raison bien étrange de préférer les cheveux foncés et les teints mats: il se présentait toujours noir de cambouis, nettoyant sans cesse ses outils, traitait les femmes de «poudrées» et disait fuir les blondes parce qu'elles étaient trop «salissantes».

Fort de son «bargaining power» de propriétaire de machine rare et de l'attachement du chauffeur pour son tracteur, mon grand «chaudron» redoutait peu la jalousie de son employé.

Arriva le grand jour. Un jour de tempête de neige en Gaspésie. Tout fébrile, le «boss» partit pour le chantier, armé de la boîte de chocolats et des jarretelles noires. Il n'eut rien de plus pressé, en arrivant au moulin vers huit heures du soir, que d'entrer dans une maisonnette adjacente au grand camp des hommes et d'ordonner à son géant de chauffeur de s'enculotter bien chaudement et de se rendre, comme un héroïque nautonier aux commandes de son célèbre Caterpillar D-6 Diesel, ouvrir les chemins du chantier, à douze milles de là. Ce cocu en aurait pour la nuit à avancer et à reculer.

Mon patron fit un clin d'œil à la belle, qui le lui rendit langoureusement. Puis il visita le curé avec qui il discuta des bonnes mœurs en forêt, où certains cas de sodomie sévissaient. Vers dix heures, le cœur battant, il revint à la maisonnette. Un clair silence blanc régnait, légèrement violé par les ronflements rassurants de 60 hommes endormis au camp. Il poussa la porte. La dulcinée se dressait devant lui, en peignoir et sentant bon la gomme d'épinette. Il lui donna ses présents. Elle lui offrit du ragoût de chevreuil mangeur d'écorce de bouleau, dont le nombre était si grand dans la région que les bûcherons en faisaient commerce à $5 la bête. Le grand «chaudron» préféra pousser dare-dare la belle infidèle vers le lit double.

Déboutonnant sa chemise, il lui donna un premier baiser sur la joue. Et soudain, patatras, sortant de dessous le lit et se dressant au chevet, le géant de mari, crocs jaunes et yeux blancs dans son visage noir de cambouis et de rage:

«Je vous poigne, hein, là, boss!» La femme jouait la surprise et mon patron bredouillait: «C'est juste pour essayer les jarretelles.» Poings en l'air, le cocu avança. «Je vais vous tuer!» «Fais pas le fou! Arrangeons ça!» Le grand «chaudron» prenait au fond. Il étouffait de frayeur. «Veux-tu cent piastres, deux cents piastres?» Long silence d'apocalypse. Gris de terreur, le patron songea: «Ça y est, il va me demander le tracteur». L'œil angoissé, le cocu osa enfin, sans y croire:

«Je veux le coffre d'outils.»

Emile Henriot et Tatou

Au début des années 50, L'Alliance française délégua au Québec un écrivain célèbre, Emile Henriot, de l'Académie française, critique littéraire au journal *Le Monde,* auteur de nombreux romans dont *La Rose de Bratislava.* Grand chasseur de canards et de femmes, c'était une sorte de Blaise Cendrars raffiné, élégant, vert et portant beau à 65 ans. Ses longues moustaches à la Adolphe Menjou ou à la Jason King lui donnaient des airs d'aventurier, ce dont il était ravi.

La romancière Germaine Guèvremont l'invita dans les Iles de Sorel pour y chasser le canard. A Québec, je ne pus que lui présenter les plus belles femmes mariées de ma connaissance et, comme elles étaient toutes fidèles quoique aguichantes, je me sentais un peu penaud de n'avoir à lui offrir que des conversations de salon. Il commença à s'impatienter, comme André Malraux plusieurs années plus tard, qui disait en grimaçant à son grand ami le ministre québécois Georges-Emile Lapalme: «C'est bien beau, toute cette culture québécoise, Lapalme, mais je commence à avoir le goût d'une Canadienne».

Avec moi, Emile Henriot se mit à s'impatienter. «Et les bas-fonds?» En fouillant ma mémoire, je songeai à mon voisin de bureau, un avocat qui avait pour client un étrange individu, appelé Tatou. Nous nous rendîmes rue Saint-Paul, peu recommandable aux promeneurs du soir, à l'époque: coups de poignards, vols et viols. L'affiche battait au vent, sous la pluie d'automne: «Tatou. Tatouages de toutes sortes».

Nous bouchant le nez contre une odeur de vieux saindoux, nous grimpâmes dans le noir l'escalier aux marches de bois creusées. Un homme d'une quarantaine d'années aux cheveux hirsutes, à barbe de deux jours, aux yeux glauques, aux bras tatoués, se dressait, éberlué, devant nous, poitrine poilue moulée dans un «petit corps» noir de suie. «Pour un tatouage?»

«Non. Tu ne me reconnais pas Tatou? Le voisin de ton avocat.» Il avança la tête, me scruta. Je continuais. «Mon ami, M. Henriot, est un expert de France qui fait un rapport à son gouvernement sur l'évolution du tatouage dans le monde.» J'avais touché juste. «Viourge, enfin! Ça prend des Français pour s'occuper de nous autres! Léa, débouche trois bières!»

Une femme énorme se dirigea vers l'évier au pied duquel traînaient, pêle-mêle, des bouteilles vides. Un véritable taudis. Tatou se déchargeait le cœur. «Le tatouage au Canada, Monsieur Henriot? Une vraie honte! Un artiste comme moi, je suis obligé de travailler dans le charbon, le jour, pour joindre les deux bouts. Plus les petits à-côtés. La chambre du fond, c'est pour les bûcherons. Je les accroche en sortant du train, quand y sont pleins de foin, je loue la chambre avec la fille et la bière, et au sortir du lit, je leur vends un tatouage. Leur préféré, c'est le crucifix. Regardez mon livre d'échantillons. Des cœurs, des noms, des fleurs, des «guidounes», et des fois, pour les gars d'union, la faucille et le marteau. Pour le crucifix j'ai un prix de faveur! Quinze piastres. En tout, je fais mille piastres par année avec mon art. C'est écœurant.» Emile Henriot, pour justifier son titre d'expert, avança doctement: «Pierre Loti raconte quelque part que le plus célèbre des tatouages est *La chasse au renard*. Tatou, transporté d'orgueil, s'écria: «Lortie m'apprend rien. *La chasse au renard,* la v'là!» Et, déchirant son «petit corps», il nous la montra avec fierté.

Sur toute la poitrine et vers le bas-ventre, des chasseurs poursuivaient un renard qui disparaissait dans les buissons. «Hein, Monsieur le Français! Mettez-vous ça entre les dents.» «Extraordinaire!» Tatou était déchaîné: «Léa, montre à l'inspecteur tes beaux cœurs sur les fesses.» Elle ne voulait pas. «Maudite femme, ça veut jamais rien.» «Monsieur Henriot, comment ça va en France le tatouage?»

«Chez nous, vous seriez considéré comme un grand artiste, comme Picasso. Même qu'on vous donnerait peut-être la Légion d'honneur.» J'eus peur de voir Tatou sauter sur Emile Henriot pour l'embrasser. «Ah! vous, vous êtes quelqu'un!» Il saisit sa trousse de tatoueur, en sortit un poinçon. «Je vous fais un beau crucifix pour rien, je vous dis, on est comme ça au Canada. On sait recevoir. C'est pour rien. Faites-moi plaisir.» Emile Henriot reculait.

Je retins Tatou. «C'est impossible, Tatou, Monsieur Henriot est allergique au tatouage. Ça lui est défendu par le docteur, sous peine de mort.» «Parce que les Français connaissent rien!»

Pendant que Emile Henriot, à Paris, racontait sans doute cette histoire dans les salons, je reçus un matin la visite, au bureau, de Tatou, armé d'un poignard: «Maudit traître. Ton Henriot, c'est un inspecteur de l'impôt! Le fédéral vient de me poigner pour mes revenus de tatoueur, que j'avais jamais déclarés!»

Les patins de fantaisie

Aussi loin que je me rappelle, il me semble que mon père, Jos, ne parlait presque jamais. Alors que j'avais une douzaine d'années, il m'apparaissait comme un homme maigre, un peu voûté, qui partait pour son travail, chaque matin à six heures, pipe entre les dents et boîte à lunch dans sa main droite. A l'affût du temps supplémentaire, il revenait tard le soir, soupait, fendait son bois, le «cordait» près du poêle et se couchait. Je ne lui connaissais pas de vice, sauf d'être trop silencieux et de travailler sans arrêt pour ses nombreux marmots en ce temps de crise économique. Il ne nous parlait jamais de sa famille ou de son passé, et maman gardait sur le sujet une discrétion étonnante. Papa ne fréquentait personne, pas même mes oncles ou mes tantes maternels, à qui il adressait à peine la parole. Il n'était pas du milieu. Ses longues mains fines, son langage soigné, sa parfaite connaissance de l'anglais, ses bonnes manières en faisaient dans le quartier une sorte de mystérieux «survenant». Il l'est toujours.

Mon père.

Un soir d'hiver, à notre grand ébahissement, il apporta un colis qu'il déballa après souper. Il contenait une paire de patins de patineur artistique, à bottes hautes et à lames recourbées. Ils devaient avoir coûté un prix fou, si j'en jugeais par la grimace effrayée que fit maman, qui ne critiquait jamais mon père. Serrant précieusement ses patins sous son bras, il monta se coucher. C'est alors que maman nous expliqua comment elle avait connu son cher Jos.

Mon grand-père maternel, homme à tout faire, était préposé au service d'ordre à l'aréna de Québec et veillait aux bonnes mœurs lors des soirées de patinage, seule distraction hivernale de la jeunesse de Québec en 1916. Vint alors le grand soir de la mascarade annuelle. On retint les services de deux patineurs artistiques experts pour la diriger dans le respect des valses de Strauss. Ces deux étoiles étaient mon père et Albert Duquesne, célèbre comédien qui, avec Fred Barry, illustra notre monde du théâtre. (Maman, qui adorait le théâtre, a-t-elle inventé cela?) Dirigeant la caravane patinante, mon père ne fut pas long à saisir le bras de la plus belle patineuse, ma mère, de l'entraîner dans la griserie de la valse, sous le regard inquiet de mon grand-père le policeman. Cela finit par un mariage rapide et aux ennuis d'une double mésalliance. D'une part, mon gardien de la paix de grand-père détestait cet étranger hautain et instruit qui lui avait volé sa fille, destinée à un gendarme du Cap-Blanc, et d'autre part, la famille de mon père, qui se jugeait de l'aristocratie du Québec, condamna cette alliance. Papa décida d'envoyer paître tout ce beau monde, d'épouser celle qu'il aimait, de faire des enfants, de rester dans le milieu, de travailler comme un chien et de cesser de patiner. Finies les folies.

Et voilà qu'à quarante ans, au clair de lune, par un froid sous zéro, Jos s'élançait à nouveau sur la glace de la patinoire paroissiale sous nos yeux de gamins émerveillés. Mon cœur battait de fierté, j'avais le souffle coupé. Je criais à tous mes amis: «Regardez-le! C'est mon père! C'est lui, mon père.» Et maman oubliait d'essuyer ses yeux remplis de larmes. Les patineurs s'étaient rangés le long de la rampe et admiraient avec nous, souffle coupé, cet homme mystérieux, à la réputation de solitaire qui, retrouvant sa forme ancienne, sifflant une valse, faisait des «trois», des «huit», des boucles, tournoyait sur lui-même sur le bout des lames, ou s'élançait dans de gracieuses et longues enjambées. Comme ça avait l'air facile et naturel! C'était lui, mon père? Du jour au lendemain, il devint célèbre dans la paroisse. Mais il en semblait agacé.

Cette découverte des talents de papa avait éveillé en moi des sentiments étranges, où le monde m'apparaissait désormais gonflé de miracles et de mystères; un besoin sauvage de les connaître et de les pénétrer s'emparait de mon jeune cœur. Revenant de l'école, je me rendais furtivement caresser les lames magiques et chaque soir je suppliais mon père de patiner. Souvent, il était trop fatigué.

Un samedi, patins sur le dos, il me défendit de le suivre, car il allait essayer la lointaine patinoire de Limoilou où, expliqua-t-il à ma mère, il pourrait jouir de l'accompagnement d'une fanfare. Ces excursions en territoire étranger se répétèrent, faisant croître chez maman une mauvaise humeur qui la fit m'emmener un soir à Limoilou surprendre notre aventurier. Elle avait eu de l'instinct. On prit Jos sur le fait. Pour la première fois, je vis maman vivre une crise de jalousie féroce. Bercé par la *Valse des patineurs,* papa, aux applaudissements de la foule, faisait valser à tour de rôle une dizaine de jeunes filles aux cuisses bien moulées sous le court parasol de jupettes retroussées.

Le soir, venant du lit de mes parents, j'entendis des sanglots et cette phrase de maman. «Naturellement, moi, j'ai trop d'enfants. J'ai pas le temps de patiner!»

Ce qui fit, hélas, que mon père remisa ses patins pour toujours. Mais depuis, j'ai essayé de l'imiter, de faire des «trois», des «huit», des boucles, des sauts, des embardées élégantes, de tournoyer sur le bout des orteils, de faire valser les fées aux belles jambes et à jupettes courtes, en somme de faire glisser mon destin sur des patins de fantaisie. Plus souvent que mon père, je me suis retrouvé sur le derrière.

Mes jumeaux

Quand on se mariait, à la fin de la guerre, on avait en général, des enfants. Je ne sais si le Bon Dieu avait décidé de se servir de nous pour combler les cratères démographiques créés par le grand carnage de 1939-45, mais les jeunes mariés se sentaient dévorés par une rage de reproduction quasiment incontrôlable. Ceux qui voulaient y résister tout en s'aimant étaient presque des héros, parce que démunis des moyens de contraception qui apparurent plus tard, parce que tenus par les mœurs religieuses qui gelaient littéralement la fougue de nos belles petites femmes québécoises décidées à limiter leur famille à trois ou quatre petits. Car déjà elles refusaient d'être les abeilles ouvrières de la revanche des berceaux. Finies les familles de douze à quinze, finis les martyres comme celui qu'endura une de mes tantes qui accoucha tant de fois qu'elle mourut au vingt-cinquième, à quarante-quatre ans.

Lorsque je me promène dans les centres commerciaux et que je vois des jeunes papas à barbe

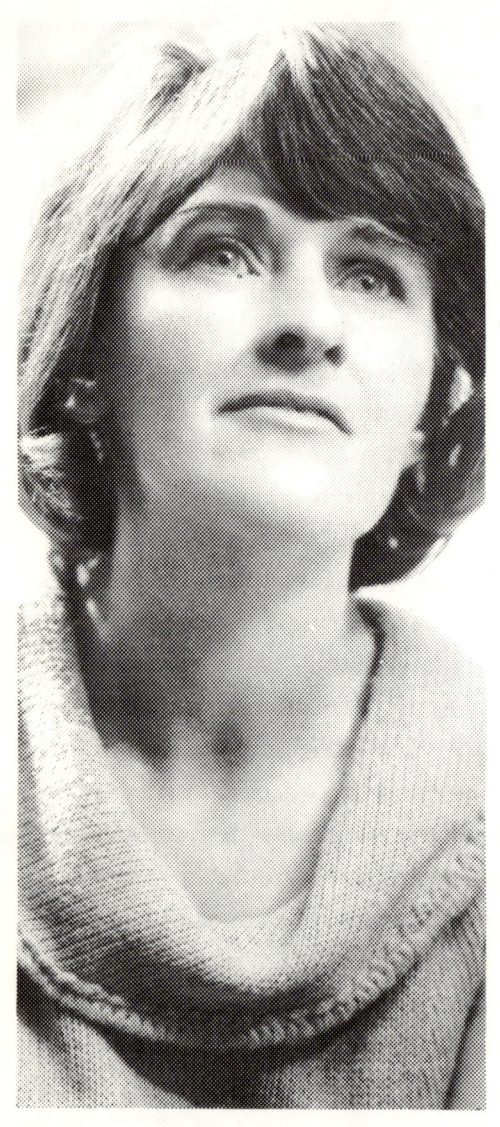

*Valéda,
ma femme.*

portant leur mioche dans un sac à dos, pendant que leur moitié butine dans les comptoirs, je me dis que les femmes ont cessé de jouer les kangourous «ad vitam æternam» et que si elles portent le petit neuf mois dans leur ventre, le père se doit de le porter ensuite neuf mois sur son dos.

Ce n'est que justice, en fin de compte, et j'ai presque honte du père que j'ai été à trente ans. Après quatre ans de mariage, je n'avais que deux beaux petits garçons, ma femme étant très jolie et moi possédant une puissante santé. Car n'était-il pas à la mode de dire à l'époque qu'il était plus facile de faire des enfants que de n'en point faire? Je triomphais. J'étais l'auteur de deux romans à succès et mes éditeurs avaient lancé le slogan «Lemelin, un enfant un livre». De sorte que n'ayant pas de troisième roman de prêt, je retenais avec un courage incroyable la venue d'un troisième enfant. Mais, patatras! Ma femme devint enceinte et, pour la première fois de ma vie, je me mis à avoir le trac. C'est sûr, j'allais tromper mes éditeurs et le public; plus le ventre de ma femme grossissait, plus mon plan de roman se défaisait. Je me sentais fini. Et il grossissait étonnamment vite, ce ventre. Un beau soir, l'éclair me frappa en plein front. 1950! L'année sainte! L'année des jumeaux! Je fis ce qu'il ne faut pas faire. Ma femme se soumit aux rayons X. Pourrai-je jamais oublier ce jour-là, quand le médecin s'amena avec cette maudite photo qui montrait les bessons agenouillés chaque côté de la colonne vertébrale? Ce fut l'épouvante. Je ne pourrais quand même pas écrire deux romans d'un coup! Puis succéda au choc un phénomène de calcul mental déchaîné et multiplié par deux. Jusqu'à l'âge de leur vingt et un ans, j'additionnai tout ce qu'ils me coûteraient! Au moins $50 000. (Je n'avais pas prévu l'inflation et les automobiles.) Et je me faisais un revenu de $7 000 par an. C'est avec fureur que je les voyais rire de bon cœur devant mon désarroi, ce médecin et ma femme. Ils ne savaient pas ce que c'était que d'être père de jumeaux!

Transi d'insécurité, je me mis à travailler comme un fou, à m'inventer des à-côtés les plus divers. Je commençai à apprendre le chant, on ne sait jamais, le latin et la philosophie (puisque l'élite me reprochait de n'avoir pas suivi d'études classiques), à me lancer dans une série de reportages et à pratiquer toutes sortes de petits commerces, avec le résultat que j'arrivai au soir de l'accouchement aussi amaigri que ma femme avait grossi. Mais j'étais un brave. Aux premières douleurs, je commençai à lui tenir la main en l'assurant que nous passerions au travers. Plus ses douleurs **augmen**taient, plus je me sentais fatigué, de sorte que, la tête appuyée sur son ventre, je m'endormis. Je fus réveillé au petit matin par les infirmiers qui m'enlevèrent du lit et y placèrent la mère des jumeaux bien en vie, mais sauvée après un dur accouchement. Blanche comme cire, elle murmura: «Va te reposer.» Je n'eus rien de plus pressé que de courir chez mes amis en train de prendre leur petit déjeuner et de leur annoncer triomphalement: «J'ai des jumeaux!» De bons amis, vraiment, qui comprenaient ce qui m'était arrivé. Il fallait me renforcir. A chaque maison, même réaction spontanée: la femme se précipitait vers le poêle et me faisait frire deux œufs et du bacon. Après plusieurs visites, j'atteignis la douzaine d'œufs. J'étais sauvé.

* * *

Mais voilà ma femme qui tient à ajouter quelque chose. «Pauvre Roger. Je t'ai toujours laissé dire et fabuler. Mais cette fois, c'en est trop. Je ne te l'ai jamais dit, mais mes jumeaux, c'est moi qui les ai eus.»

L'Infante de Vélasquez

Aujourd'hui, le Québécois se rend à Paris comme il change de chemise. Mais il fut un temps un oiseau rare qu'on désignait comme un «retour de Paris». Maintenant, les adolescents considèrent comme un droit d'y «piquer une pointe», sac au dos, entre deux options de Cégep, quand pour nous, à vingt ans, s'y rendre nous apparaissait comme un rêve inaccessible. Combien de garçons, en 1940, se sont enrôlés en nourrissant d'abord le désir inavoué de voir la France?

En 1948, j'étais un de ces jeunes rêveurs élevés dans une famille modeste, dont les grands voyages avaient été effectués aux paroisses voisines, aux rivières et aux lacs tout proches, à la Haute-Ville et quelquefois à Montréal. J'étais quand même un jeune qui avait commis un premier roman, *Au Pied de la Pente douce*, et dont le succès, les ouvertures qu'il m'offrait sur le monde, me laissèrent absolument pantois et un peu craintif. Si je sortais de mon milieu, c'était avec le museau fureteur et frémissant, à l'affût des alertes, le jarret prêt à la retraite précipitée vers ma tanière. J'acceptai quand même l'invitation de me rendre à Paris du baron René d'Uckermann, directeur littéraire de la maison Flammarion qui lançait mon roman au mois de mai.

Qu'elles furent longues ces quinze heures de vol en *North Star,* sans ma médaille scapulaire, alors que le fuselage vibrait de toutes parts sous les sursauts vrombissants des quatre moteurs lançant des étincelles. Je surmontais ma peur; n'allais-je pas enfin voir Paris, la Ville Lumière, qu'il me semblait déjà connaître, pour avoir vécu si intensément les livres des chers grands écrivains qui y avaient brillé!

D'abord, j'aperçus l'Angleterre du haut des airs. Comme il était vert pâle en ce mois de mai ce damier de la campagne anglaise, piqué ici et là d'énormes châteaux flanqués de villages mignons et colorés! Les Anglais, si propres, ne pouvaient pas être méchants. Puis Paris! L'émotion me serrait la gorge. Le taxi, une traction avant Citroën, n'avait pas assez de fenêtres pour assouvir les regards gloutons que je lançais de tous bords. Boulevard de la Villette! C'est étonnant que, malgré toutes les lectures qu'on a faites, ce sont d'abord les chansons françaises qui nous montent aux lèvres dans une telle occasion. Les bruits de Paris, je ne les entendais pas:

les moteurs de l'avion continuaient à bourdonner dans mes oreilles. Puis le Louvre, cet Empire State couché. Enfin, le 85, rue du Cherche-Midi, l'Hôtel Montmorency, demeure du baron d'Uckermann. Napoléon en fit jadis cadeau à Madame Sans-Gêne pour la récompenser d'avoir lavé ses chemises. Un domestique me fit monter un escalier jusqu'à une antichambre où m'attendait un homme petit, aux yeux bleus dévorants, cheveux ondulés, bien mis, fume-cigarette aux lèvres, et qui me tendait la main. «Votre visage est fidèle à la photo. Mais vous êtes costaud! Bienvenue chez moi!» «Merci Monsieur.» Il m'amena à la chambre que j'habiterais et j'y déposai ma valise. Quand donc ce bruit de moteur d'avion quitterait-il mes oreilles? J'entendais à peine ce que mon hôte racontait. «Vous aimez votre chambre? Jules Romains et Jean de la Varende l'ont habitée.» «Là, je suis un peu étourdi. Demain, je vous le dirai.» Il sourit. «Bien sûr, mais vous devez avoir faim? Venez.»

Traversant les pièces, j'étais ébloui par ces meubles d'époque, ces tapisseries, ces boiseries, ces peintures, célèbres, j'en étais sûr. A la longue table, nous n'étions que tous les deux, le baron étant célibataire. Ah! ce bourdonnement dans mes oreilles! Le domestique apparut tenant un grand plat rempli d'une sorte de salade aux pommes de terre. Pas de soupe, me dis-je; des patates. Moi qui croyais que les Français mangeaient de belles grandes assiettes remplies de toutes sortes de bonnes choses. J'attaquai les pommes de terre, l'œil fixé sur une peinture d'enfant bouclé qui ressemblait au baron d'Uckermann. «Ah! quelle fourchette! s'écria-t-il devant mon assiette nettoyée. Encore?» Le domestique vida son plat dans mon assiette, dont je dévorai à nouveau le contenu, en écoutant les moteurs dans mes oreilles et en regardant fixement la peinture de l'enfant. Puis je reculai avec ma chaise. Une vieille habitude que j'ai conservée; dans ma famille, nous étions douze et, la table étant trop petite, nous nous y installions par fournée de six; la première se faisait pousser dans le dos par celle qui attendait. «Mais, s'écria le baron, où allez-vous?» «Bien... j'ai fini!» Il rit: «Nous n'avons pas encore commencé! Viendront le potage, les entrées, le fromage, le dessert.» J'étais épouvanté. Je n'avais plus faim, me sentant farci de patates comme les dindes de maman.

«Allons! Costaud comme vous êtes! Je vous en prie. Faites honneur à ma table!» «Certainement.» Cachant mon appréhension, j'essayai d'être gentil. Désignant l'enfant sur la peinture, je suggérai: «C'est vous quand vous étiez petit?» Il écarquilla les yeux, hésita, puis laissa aller en souriant: «Malheureusement non; c'est la deuxième Infante de Vélasquez.»

Depuis ce temps, j'essaie d'en savoir plus long sur les grands peintres et, quand je suis invité à un dîner fin, je commence le repas en douce.

J'ai soixante ans aujourd'hui

Aujourd'hui, 7 avril 1979, j'ai soixante ans. Je me pince. Je n'en reviens pas.

Tel l'infatigable trappeur qui a enfoncé toute sa vie l'aviron dans l'eau tumultueuse de la longue rivière, son être tendu vers les prochains rapides et les pierres traîtresses, et profitant des mers étales pour scruter les berges, à l'affût de quelque gibier ou d'un site propre au bivouac, je m'arrête, déposant sur mes genoux la rame ruisselante. La coque du canot s'abaisse en même temps que mon âme fait une pause et se donne toute à la réflexion en dépit du torrent que j'entends gronder au loin.

Soixante ans. C'est l'adolescence de la vieillesse, c'est la vieillesse de la jeunesse. Quel âge ingrat, qui ressemble à celui de la première adolescence, où le visage se couvre de boutons. Maintenant, il se couvre de poils blancs et de rides diverses. Deux adolescences, deux solitudes. La première nous voit trop âgé pour partager les jeux de l'enfance et trop jeune pour aborder l'impitoyable arène des hommes. La deuxième adolescence nous fait dériver du chenal des luttes de l'âge mûr, malgré notre vaillante obstination à le rattraper, tandis que le regard s'accroche aux ponts des allègres navires qui désormais l'occupent, ponts couverts de guerriers agités, tonitruants, fonçant à l'assaut de l'avenir, presque tous inconnus et qui ne saluent même pas de la main celui qui les a vaillamment précédés dans le même courant. A soixante ans, quand Dieu nous a donné la santé et la force physique, on n'est pas prêt non plus à s'amarrer au quai de la vieillesse et d'en vivre doucement le détachement et la sagesse. Le glaive du gladiateur obstiné ne brille plus qu'au soleil de cinq heures et personne ne semble se soucier qu'il soit toujours redoutable. Refusant la berge et repoussé par le courant principal, l'homme seul de soixante ans subit la terrible tentation de «non serviam», du «à quoi ça sert». Moi, je lui dis non et je continue, en me disant que de toute façon, étant écrivain, j'ai toujours été un lutteur solitaire.

Je contemple les arbres sur la berge, tout gonflés de sève, car voici le printemps. Ces arbres que j'ai tant aimés au point que je me sens comme l'un d'eux. Me rappelant l'époque où, parcourant les forêts, j'en poignardais ici et là quelques-uns jusqu'au cœur avec une foreuse afin d'en retirer une carotte qui me permettait d'en évaluer la santé, j'enfonce en moi cette foreuse et en retire une carotte que j'examine avec émotion.

L'écorce est épaisse et dure avec, ici et là, des minceurs vulnérables. Observant l'aubier j'aperçois six groupes de cernes de différentes couleurs, soit de blanc, de brun, de doré. Ici et là, du noir. Du «coti», des nœuds, des cicatrices rappellent les mauvais moments, les tempêtes, les deuils, les accidents, les souffrances. Mais les années fastes, marquées par de solides bandes concentriques l'emportent sur les défaites et les maladies. Cette carotte est un éloquent témoignage de la fureur de vivre de cet arbre qui est moi. Ces six groupes ou strates sont le reflet de mon existence divisée en dizaines, dont chaque unité superpose et encercle, souvent en zigzag, l'année qui l'a précédée.

Procédons à reculons, à partir de l'écorce. Première strate. Mon retour à l'écriture et mes années à la direction de *La Presse*. Années marquées du mariage de mes enfants, d'enthousiasmes, de succès, de luttes, de revers, de redressements. Des années consacrées à la recherche de la justice, de la vérité, et surtout du bien commun. Espoir d'un Québec exceptionnel à l'intérieur de notre beau et grand Canada. Le deuxième groupe, de quarante à cinquante ans. La période de l'homme d'affaires que j'ai voulu essayer d'être, d'abord pour fuir l'hydre à sept têtes dont parle Alfred de Vigny, ce public que l'artiste s'obstine à vouloir posséder entièrement et qui finalement le dévore. Ensuite pour comprendre mieux et estimer ceux qui ne sont ni acteurs, ni écrivains, ni intellectuels, mais aussi pour gagner assez d'argent afin de protéger ma liberté d'artiste et rencontrer mes devoirs de père de famille. Ah! quelle époque étonnante, marquée de calculs financiers, d'angoisses, mais où j'ai découvert et aimé les créateurs d'emploi et les véritables animateurs de l'économie. Depuis ce temps, je me révolte quand je vois certaines élites les considérer de haut, en oubliant que le phénomène de création existe là aussi intensément.

Troisième strate: celle des succès de dramaturge à la télévision. Ah! quelles années extraordinaires j'ai vécues là, négligeant souvent ma famille au profit de l'ivresse d'une imagination déchaînée au service d'un public insatiable! Puis la fatigue, la lassitude.

Voici le quatrième âge, d'un beau doré. Ma guérison après six ans de chaise roulante et de béquilles, mes somptueuses années de création littéraire pure, mon mariage, mes premiers enfants.

C'était le temps du grand bonheur. Cinquième couche. De dix à vingt ans. Quelle époque terrible. La crise économique, l'enfant devient adolescent, puis cette brisure affreuse au moment où mes parents avaient le plus besoin de moi, cet accident qui m'a rayé des joies et des luttes de la jeunesse contemporaine. Puis, à la sixième strate, celle de l'enfance dans une nombreuse famille où l'on s'aimait et où chaque soir je demandais au petit Jésus de me garder mes parents toujours, toujours. Il m'a à moitié écouté.

Et me voici à la moelle, au cœur de cet arbre qui est moi. Ce cœur est encore sain! Cet arbre vaut encore la peine d'être abattu!

Je reprends l'aviron, un sourire de gratitude aux lèvres, envers ceux qui m'ont aimé, enduré, combattu, aidé. Puissent-ils me pardonner ceux que j'ai blessés au cours de mon voyage, car je l'ai toujours regretté; j'accélère mon rythme d'avironneur, j'ai hâte à Pâques, me souvenant des jambons dorés piqués de clous de girofle dans les étals de boucher, des chevaux à la tête et aux harnais fleuris de ma jeunesse. J'entends encore le joyeux flic flac de leurs sabots dans la neige fondante, je me réchauffe du soleil de mes soixante avrils et je dis merci à Dieu de m'avoir conservé cette fureur de vivre.

Etre gravement malade

En ce samedi de Pâques, quand tout éclate d'espérance et de vitalité, quand les cœurs et la nature chantent la résurrection, je pense aux malades atteints assez gravement pour être tentés par le désespoir. C'est à eux que je veux parler ici, puis à leurs proches et à leurs amis, lesquels sont souvent convaincus, par une sorte de fatalisme morbide, de la fin prochaine de celui ou de celle qui n'y pense pas encore. Mais par des regards contristés, des attitudes compassées, la contagion gagne vite le malade qui, à travers les autres, se sent condamné et abandonne sa lutte pour la vie.

Un de mes oncles, homme coléreux et rancunier, à la suite d'une sérieuse complication au foie, sombra dans le coma. Au bout de dix jours dans cet état, il commençait d'impatienter sérieusement ma tante, qui avait pleuré pendant les trois premiers jours. Aussi, comme elle et ses trois sœurs étaient des femmes plus faites pour l'efficacité que pour la délectation morose, elles séchèrent leurs larmes, coururent dans les magasins et s'achetèrent robes et bas noirs. Pour les noces et pour les funérailles, leur costume était toujours prêt. Ce coma durant depuis plusieurs jours, elles décidèrent un après-midi de porter leurs sombres atours, comme pour une répétition théâtrale. Elles s'admiraient, de dos, de profil, de face, tout en marchant autour du lit de mon oncle renâclant dans son coma, tout en discutant héritage, pension, type de cercueil, choix des chanteurs à l'église et tout le répertoire de circonstance. Mon oncle se réveilla tout à coup et les prit en flagrant délit d'enterrement. Il avait tout entendu depuis des jours, mais cette fois c'en était trop. Il fut sauvé par son indignation de mourant et ne pardonna jamais à mes tantes durant toutes les années qui lui restaient à vivre.

Cette histoire cocasse a tellement marqué mon enfance que chaque fois que quelqu'un de mes connaissances est sérieusement atteint, je me dis, il va guérir, il faut qu'il guérisse, convaincu que si on a la mort dans l'âme on l'a bientôt dans sa chair. C'est une vérité que j'ai eu souvent l'occasion de vérifier depuis.

Visitant un ami dans un sanatorium, il me présenta ses deux nouveaux voisins de lit, âgés d'une vingtaine d'années. L'un souffrait d'une profonde cavité au poumon, mais il riait et affirmait qu'il allait guérir. L'autre n'avait qu'une ombre et prédisait sa fin. Ils eurent raison tous les deux. Le premier avait eu foi en la vie et le deuxième foi dans la mort.

Les diagnostics ne sont pas tout. Il faut compter avec les forces mystérieuses de l'être. Aucun instrument, aucun savant ne peut en mesurer l'ampleur et la puissance. Si la volonté du malade peut déclencher ces forces, si, de plus, tous ceux qui l'aiment l'encerclent d'un réseau psychique indéfectible animé par la même foi et dirigé vers le même but, ces forces sont décuplées et produisent des miracles. Comment expliquer autrement les guérisons étonnantes dans les hauts lieux de pèlerinage?

Je pense particulièrement au cancer (dont celui de l'esprit, qu'on appelle dépression nerveuse, n'est pas le moindre), dont tant de gens sont atteints de nos jours. Autrefois, le mot cancer signifiait arrêt de mort. Aujourd'hui, dans un grand nombre de cas, c'est faux. Nous connaissons tous plusieurs personnes sauvées par la chimiothérapie en particulier, mais toujours aidées dans leur terrible bataille par une farouche détermination de vivre et supportées dans cette lutte par les êtres qui les aiment et font tendre toute leur volonté et leur foi dans le même sens. Il ne faut jamais dire: «Il est fini.»

Bien sûr, en dépit de tout cela, plusieurs perdent, puisque l'échéance inscrite dans leurs gènes à la naissance se présente à l'heure dite. Mais combien d'autres, en dépit des prédictions de la science, auront la vie sauve si le réseau des amis encercle dans une corvée d'espérance celui qui décide de se battre pour sa vie?

Ah! si ces quelques lignes pouvaient inciter un seul grand malade tenté par le désespoir et ceux qui l'aiment à prendre la décision de guérir et d'y réussir, il me semble que le privilège d'écrire ne m'aura été donné que pour ça.

Pierre Trudeau, les échecs, la NKVD et les oranges

J'ai eu le privilège, dans mon adolescence, d'apprendre le jeu d'échecs du champion de Québec lui-même, Marcel Dion. Le jeu des rois a été depuis ce temps mon meilleur compagnon. Non seulement il a aidé au développement de mes facultés intellectuelles, à l'amélioration de mon caractère, mais il m'a permis, dans n'importe quelle ville au monde, de me sentir chez moi dans les clubs d'échecs où on ne parlait pas ma langue. Les échecs, comme la musique, sont un langage universel et un trait d'union de fraternité humaine. Ils m'ont permis d'exercer mon goût pour les mathématiques et pour les envolées de l'imagination. A vingt ans, je pouvais jouer simultanément cinq ou six parties sans voir (certains grands maîtres peuvent en jouer cinquante), et cet extraordinaire exercice de mémoire visuelle m'a puissamment préparé à mon travail de dramaturge à la télévision. Assis dans un fauteuil, je fermais les yeux et j'ordonnais mes scènes, mes tableaux, mes personnages, je les entendais parler, de sorte que je n'avais qu'à me rendre à ma machine à écrire, copier, presque sans ratures, le match dramatique que je venais de jouer les yeux clos.

En mai 1971, j'eus l'honneur, à titre d'écrivain, d'accompagner notre Premier ministre en Russie et de vivre pendant quinze jours avec une quarantaine de journalistes canadiens. Dès mon arrivée en sol soviétique, je fus flanqué d'un agent de la police secrète, la NKVD, qui devait me suivre pendant tout le voyage. On avait dû dire du mal de moi, car il me suivait de près, comme un bouledogue de mauvaise humeur. Cette armoire à glace portait complet sombre, chapeau melon noir, chemise trop serrée autour de son cou de taureau et ne me lâchait pas d'une semelle. Il parlait anglais, mais ne m'adressait pas la parole. Au cours de l'envolée entre Moscou et Kiev, je lui demandai s'il savait jouer aux échecs. Il me regarda, surpris. «Oui, et vous?» «Bien sûr», et je me mis à lui parler des plus grands joueurs russes, d'Alekhine à Kérès, de Tal à Botvinnik, de leur stratégie, de leurs ouvertures préférées et même de leurs parties les plus célèbres. Ce fut comme si un Russe venu au Canada nous eût débité l'histoire de Joliat, de Mondou, de Maurice Richard, joueurs de hockey canadiens. Il enleva son chapeau, desserra sa cravate, me serra vigoureusement la main. «On joue une partie?» «Pas d'échiquier à bord.» «Pas nécessaire, pouvez-vous jouer sans voir?» «Oui.»

Les journalistes présents, éberlués, observaient ces deux robots qui, bras croisés, les yeux fixes ou fermés, émettaient à chaque minute des formules étranges: d4, f5, DAa5, Fc4. Deux espions qui se parlaient en code? Nous étions à peu près du même calibre, gagnant chacun notre tour. Il tomba la veste et me serra frénétiquement les deux mains avec reconnaissance.

A partir de ce jour, ce gros méchant devint pour moi une véritable mère. Il me fit même obtenir une limousine personnelle que je partageai avec le célèbre journaliste Charles Lynch. Durant le vol de huit heures entre Kiev et Taschkent, il m'avoua, entre deux parties, qu'il me trouvait pâle. Bien sûr, j'avais constamment mal au ventre, ne prenant jamais de petit déjeuner. Leur «bortsch», plat national du matin, ne m'allait pas. Jamais de fruits, seulement cette concoction.

A Taschkent, il m'apporta en cachette une douzaine d'oranges, qu'on disait introuvables. Je me rendis à la conférence de presse de M. Trudeau, orange en main, et sous les yeux jaloux de mes compagnons, j'y fis un petit trou avec mes dents et me mis à sucer voluptueusement en écoutant notre grand homme. Tout de suite après, il vint à moi, le regard luisant de convoitise, car on sait à quel point M. Trudeau aime les fruits frais. «Comment se fait-il? Où as-tu pris cette orange?» «Savez-vous jouer aux échecs, Monsieur le Premier ministre?» «Non.» «Alors, pas d'orange.»

Je suis à peu près convaincu que, depuis ce temps, il a appris ce noble jeu, à le voir ainsi sacrifier des pièces majeures, avancer des pions, roquer et jouer brillamment de ses fous et de ses cavaliers.

J'ai même l'impression, maintenant que nous ne sommes pas loin des élections, qu'il s'est spécialisé dans les fins de partie, fidèle à l'adage préféré de feu son père Charles Trudeau: «C'est à la fin de la soirée qu'on voit les bons danseurs.»

Filez, filez, ô mon navire

Me promenant sur le quai d'une marina l'autre jour, j'y notais une activité fébrile. Nos yachtmen du dimanche s'activaient autour de leur bateau encore en cale sèche, qui réparant une brèche, qui le peinturant, qui s'esquintant à préparer le moteur. Quelques-uns m'invitèrent à leur première promenade, d'autres à une croisière dans le bas du fleuve, et d'autres à venir à bord chaque dimanche pour y prendre le «bloody mary» et le «brunch». «Non, merci», et je reculais prudemment.

Car j'ai vécu une aventure en yacht, qui me tient désormais à distance de ce genre d'embarcation. Mon premier yacht mesurait vingt et un pieds et s'appelait le *Moineau I*, en souvenir de *La butte aux moineaux*, titre de l'émission radiophonique tirée de mon roman *Au Pied de la Pente douce*, émission controversée qui incita Pierre Dagenais à écrire *Le faubourg à m'lasse*. Je n'avais pas vérifié les planches disjointes de mon navire, aussi faillis-je rejoindre avec lui le fond de l'eau en face de Petite-

Rivière Saint-François. Heureusement, voyant l'eau monter à mes chevilles, j'endossai quatre ceintures de sauvetage, et je pus rejoindre la berge à pied dans une boue truffée d'anguilles.

La leçon ne m'ayant pas profité, j'achetai un bateau à voiles usagé de quarante-trois pieds, très élégant, blanc, le dénommai le *Moineau II*, et y fis installer un vieux moteur Gray de 100 chevaux. Que les mois d'hiver furent longs, que le printemps tardait à venir! Pour tromper mon impatience, j'achetai en janvier tout un accoutrement de capitaine, casquette, jumelles et tout le fourbi. En imagination, sorte de Surcouf impatient, je fis des croisières fabuleuses dans les mers du Sud et connus des aventures époustouflantes dans chaque petit port. Mais avant d'être capitaine, il faut être matelot. J'allais l'apprendre. Quand le grand jour arriva, au début de juin, je sautai, vêtu en capitaine, sur le pont de mon navire amarré et se balançant le long du quai. Etrangement, je me sentis déçu, presque désintéressé. N'avais-je pas passé l'hiver à naviguer, par l'esprit?

Mais après tant d'argent dépensé, il me fallait prendre la mer. Le romancier n'avait pas plus de dispositions pour monter sur les flots que pour monter à cheval, lequel lève toujours quand moi je descends. Mes invités me laissaient la vaisselle sale, je perdais ma chaloupe de sauvetage mal attachée, mes enfants étaient juchés dans les mâts quand je les croyais noyés, je confondais le quai de Lauzon le soir avec l'*Empress of France* et y mettais le cap. Je n'osais larguer les voiles de peur que le vent s'y engouffre et j'oubliais souvent de remplir le réservoir à essence. Que de pannes au milieu du fleuve, que de remorquages et de moqueries! Que d'engueulades sur les ponts des grands bateaux qui m'évitaient de justesse! Revenant seul à minuit de Cap-Rouge, où l'on m'avait servi moult libations, je m'étonnai de voir mon bateau immobilisé sous le pont de Québec, l'engin tournant à plein régime, mon *Moineau II* faisant neuf nœuds et le courant neuf nœuds contre moi. Puis, au bout d'une heure, je repartis en vitesse avec la marée baissante. Tellement vite que j'oubliai de fermer le moteur en arrivant à la marina, endommageant plusieurs yachts pour finalement foncer sur le quai pourri dans lequel le beaupré s'enfonça, me projetant bien assis sur le quai et sans blessure. Mon *Moineau II* s'étant ancré lui-même, par le nez, je ne le regardai même pas et allai me coucher. Sacrée boisson! Mais j'étais parfaitement sobre quand, au quai de La Malbaie, à marée haute, j'amarrai mon navire, cordages serrés, et m'endormis. Je fus réveillé par un choc incroyable. La marée avait considérablement baissé et les câbles qui tenaient le bateau suspendu s'étaient finalement rompus. Mais cela n'est rien.

Les deux réalisateurs de télévision, Jean-Paul Fugère et Maurice Leroux, se joignirent à moi pour une promenade sur Québec par une chaleur étouffante d'une journée sans vent. Naturellement, je manquai d'essence en arrivant au quai du restaurant Riviera dans le port de Québec. Il y avait là une pompe à essence dont je fis descendre le boyau jusqu'à moi. Causant art dramatique avec Jean-Paul et Maurice, je réussis à verser tant bien que mal 500 litres dans chaque réservoir en répandant de grandes flaques ici et là. Oubliant d'activer le ventilateur, debout sur la trappe au-dessus du moteur et sous les yeux de plusieurs spectateurs, j'appuyai sur le bouton démarreur. Une explosion terrible m'ébranla, je vis rouge et, torche vivante, je me retrouvai dans les airs à hauteur du restaurant, debout sur ma trappe comme Aladin sur son tapis et je tombai du bon côté: dans le fleuve où je m'éteignis. Mes copains en firent autant. Refaisant surface, je me rendis compte que j'avais une pelure de banane entre les dents. On jetait là les déchets du restaurant. On nous hala sur le quai pendant que le

Moineau II brûlait. Puis, ce fut l'éclat de rire des spectateurs. Je n'avais plus de cils et de sourcils, plus de moustache et plus un poil sur les bras. La moitié de ma chevelure était disparue d'une oreille à l'autre. Sous le choc nerveux, je grelottais. Une serveuse de restaurant, dont les seins étaient énormes, me prêta son chandail que je portais en arrivant à la maison. Ma femme, épouvantée, me reconnut enfin et, observant les bosses dans le chandail, cria: «Mon Dieu, ils me l'ont changé en femme!» Je sautai sur le téléphone, appelai La Presse Canadienne et déclarai haletant: «Roger Lemelin, l'auteur bien connu, a survécu à l'explosion du *Moineau II*.» Ce fut Paolo Noël, le chanteur, qui acheta l'épave réparée.

Non, inutile, je ne veux plus aller en yacht.

Les chemins de l'Académie Goncourt

S'attaquer à la page blanche comme si c'était la première fois. Voilà l'état de grâce que je me souhaite au moment où je continue la rédaction de ces souvenirs en forme de contes, surgis pêle-mêle d'hier, de jadis, et qui aspirent au présent grâce à l'alchimie littéraire.

Oui, alchimie littéraire qui réinvente le vrai selon les règles propres à l'auteur, dans sa patiente recherche de la pierre philosophale, par laquelle il tente de faire partager aux autres son propre univers. Voilà quelques rêveries qui me berçaient, au salon des Goncourt, chez Drouant, à Paris, quelques minutes après que le Goncourt eût été accordé à Antonine Maillet. «Es-tu content, Roger?» me lança Bazin, son œil pétillant et fraternel posé sur moi.

Il ne m'était pas nécessaire de répondre. J'observais fixement ce Bazin au masque d'empereur romain, lèvres minces, mâchoires parfaitement dessinées et cheveux noirs malgré ses soixante-huit ans. La table était couverte de nourritures exquises, de vins rares; j'étais entouré d'écrivains célèbres, dont le moindre n'était pas Valentin Kataev, le dramaturge soviétique, auteur de *la Quadrature du cercle,* ami de Pasternak, et qui, à quatre-vingt-trois ans, le soir même, allait me faire faire dans Paris une promenade fabuleuse, où il ressuscita pour moi les années 20, alors qu'il faisait partie de la bande à Picasso, Modigliani, Cocteau, Aragon. Méritais-je tout cela? Comme j'étais gâté!

Et, continuant d'observer Bazin, je démontais l'horloge du temps, jusqu'au printemps 1948, alors que Flammarion publiait à Paris mon premier roman, *Au Pied de la Pente douce.*

Un midi, je réussis à me soustraire à l'un des rendez-vous organisés par le directeur de Flammarion, pour marcher au hasard et me créer une image de Paris selon mon cœur de gamin de Québec, pour qui les coteries du monde littéraire parisien respiraient l'amertume et l'esprit revanchard d'après-guerre. Mes pas de badaud émerveillé me conduisirent à Pigalle où j'observai le style, les méthodes des filles en maraude, où j'écoutais le boniment d'un Tarzan de foire. J'avais le temps devant moi, je flânais sans comptes à rendre, j'étais inconnu, il faisait soleil et les marronniers en fleurs embaumaient ma jeunesse, mon bonheur et ma liberté.

Mais je commençais à avoir faim. Près de la rue Rochechouart, d'un jardin clos par une haie de roses montaient des parfums de friture qui me bouleversèrent, et des voix rieuses qui discutaient de sujets enchantés. On parlait de livres. Une dizaine de jeunes gens devisaient avec passion autour d'une table ronde, où les bouteilles de beaujolais montaient garde rouge sur la nappe immaculée. Je m'approche: «Je suis Canadien français, ce dont vous parlez m'intéresse beaucoup, je suis écrivain, j'ai faim et j'aimerais m'asseoir avec vous.»

On me fait une place, on m'oublie et les répliques recommencent à fuser de plus belle. Il y avait là Georges Arnaud, l'auteur du *Salaire de la peur*, Jean-Paul Kléber, le merveilleux chroniqueur de *Paris insolite,* le critique Jean Cathelin. Le long de la haie de roses, des peintures toutes fraîches et gaies étaient appuyées. L'aubergiste qui nous servait suivit mon regard vers les peintures, signées Jean Marino. «Elles sont de moi, dit-il, vous aimez?» Mon regard se promenait entre les toiles et le visage rubicond de l'aubergiste, pendant que de ma mémoire montait la forte voix de maman qui, dans les années trente, chantait avec un petit ténor caché dans notre radio Fada. «Etes-vous Jean Marino, le chanteur de *Prenez mes roses, prenez mes fleurs?*»

Hervé Bazin.

L'aubergiste ouvrit de grands yeux éberlués, son visage devint cramoisi. Il en laissait presque échapper son plateau quand, se retournant vers ses convives, il s'écria: «Hé! ce Canadien est le seul à savoir que j'ai été le ténor réputé Jean Marino, connu par toute l'Amérique! Vous ne pouvez en dire autant de vous, messieurs!» Et il offrit une tournée en mon honneur à tous les convives. J'avais le pied à l'étrier. On se mit à me questionner. Mon accent les amusait beaucoup. Mon voisin de droite, cependant, demeurait taciturne et ne m'adressait pas la parole. Le vin commençait de me rendre très bavard, sinon audacieux. Je me tourne vers lui, qui ne riait jamais. «Pourquoi ne ris-tu pas?» «Je sors de l'hôpital.» «Ah! Comment t'appelles-tu?» «Hervé Bazin.» «Oui? Parent avec René Bazin, l'auteur de *La Terre qui meurt*?» «C'est mon grand-oncle.» «T'as écrit quoi?» Il fouille dans sa poche, en sort quelques feuilles. «J'ai écrit des poèmes.» Je lis, je lis, mais ce midi-là je n'avais pas le cœur à la poésie. Il plante en moi un regard en vrille. «Tu ne trouves pas ça bon?» «Bien ... c'est pas l'endroit.» «T'as raison, ça pourrait être meilleur. Valéry me l'a laissé entendre. Mais ...» Alors, il me saisit le bras et, tout bas, afin que personne n'entende, il me confie de sa voix admirable: «Je prépare un livre du tonnerre. Mon premier roman. Le père Grasset en est fou. Ça s'appelle *Vipère au poing.*» Il dit cela avec une telle fureur enthousiaste que j'en eus l'appétit coupé.

Je partis avec lui. Pendant deux heures, il me confessa son livre. Bouleversé, je lui dis au bout de la route: «T'es meilleur que ton grand-oncle. Tu vas révolutionner le roman français.» Alors, il s'arrête net: «Marche encore longtemps avec moi, veux-tu?»

Depuis ce temps, je marche avec Bazin, depuis *Vipère au poing,* de *La Tête contre les murs* jusque *Au nom du fils, Le Matrimoine, Cri de la chouette.* J'ai connu Madame Mère, cette maîtresse femme en qui je n'ai pas reconnu Folcoche, j'ai estimé les familles d'Hervé, j'ai appris à admirer ce grand solitaire qui inventerait la loyauté si elle n'existait pas, à la fois vulnérable comme un enfant chétif et puissant à la Richelieu, grand politique avec ses personnages, ses amis et l'Académie, mais toujours torturé par le désir d'écrire un chef-d'œuvre.

C'est par les chemins de l'amitié et d'une mystérieuse complicité dans le paradis de la création littéraire, que Hervé Bazin m'a entraîné à l'Académie Goncourt.

J'ai connu
François Mauriac...

Un écrivain meurt, qu'on avait un peu oublié, et soudain il se plaque devant nous, gaiement vivant, remorquant d'heureux souvenirs. J'ai connu François Mauriac.

André Giroux venait de fonder la revue littéraire *Regards*. C'est par Giroux que j'ai appris à aimer Mauriac, sans partager profondément l'attachement de chrétien qu'il lui portait. J'admirais davantage en Mauriac le fin ciseleur, l'élégant thaumaturge de la langue française, le virtuose de l'expression du remords ou de l'angoisse religieuse, que le vrai chrétien. Au Moyen-Age, il eût certainement été excommunié, accusé de faire de la religion du théâtre. Il a été entre Giroux et moi le sujet de propos aigres-doux: pour lui Mauriac était sacré. Moi, le chrétien Mauriac, je ne le prenais pas trop au sérieux.

C'est dans les années cinquante que j'ai connu Mauriac, chez Flammarion. Nous étions assis côte à côte dans la chambre vétuste des auteurs, 26 rue

Racine, les pieds appuyés sur un parquet bosselé, attablés comme deux écoliers en retenue à deux petits pupitres vernis, striés d'égratignures encrées. Nous essayions de passer à travers le pensum du service de presse qui nous obligeait à dédicacer quelque trois cents exemplaires. Mauriac signait son *Galigaï* et moi *Pierre le Magnifique*.

«La grande différence entre nous, dis-je, c'est que la plupart de mes exemplaires atterriront sur les quais de la Seine.» Dans ce chuchotement pulmonaire qui lui servait de voix, il ferma à demi les yeux et me dit, comme se parlant à lui-même et tout à la fois voulant me consoler: «Au moins les clochards les liront.»

Il savait que Flammarion avait déjà publié *Les Plouffe*, et s'intéressait fort au tirage. «Vingt-deux mille, dis-je.» Et alors, je vis son vieux visage s'étirer dans la détresse d'une fiancée trompée. «Mais, c'est mieux que pour mon *Sagouin,* qui n'a fait que dix-huit mille!»

J'ai eu honte. Alors, j'ai souri, et avec un clin d'œil: «Je n'ai pas encore les moyens de dire la vérité sur mes tirages.» Un souffle: «Vous êtes adorable.»

Une telle joie enfantine l'illumina, l'agita, qu'il

François Mauriac.

me donna un coup de coude de solidarité. J'avais l'impression d'être encore à l'école à côté d'un cher camarade, complotant des coups pendables. Nous nous mîmes à faire des échanges. J'inventais ses dédicaces et lui les miennes. La porte était ouverte. Faisant les cent pas dans une antichambre, un très vieux monsieur en uniforme couvert de médailles lissait ses longues moustaches blanches. De sa voix qui par sa nature nous mettait dans la confidence complice, Mauriac ricana presque. «Le Général Weygand. Son livre ne se vendra pas. La bravoure de 14 n'intéresse plus les gens.» Et de sa plume levée il fit signe à l'illustre vieillard: «Mes hommages, mon Général!»

Ce dut être avant cette rencontre que le Père Maydieu m'emmena chez Mauriac dans son appartement du seizième arrondissement. Le Père Maydieu, Dominicain célèbre, ami personnel du Père Dominique Dubarle, jouait un grand rôle à la revue *La Vie Intellectuelle* et manifestait pour les jeunes écrivains qu'il connaissait un peu partout dans le monde une sympathie vibrante et chaleureuse. Animateur incomparable, il «servait» ses amis à «son Mauriac». Le Père Maydieu était, par amitié, un véritable pique-assiette du temps précieux de Mauriac quand il s'agissait de lui présenter un Canadien français catholique. Si Mauriac pouvait difficilement refuser, étant l'idole d'un grand nombre de jeunes intellectuels chrétiens, il pouvait encore moins dire non pour une raison plus importante encore. Le Père Maydieu faisait partie d'une grande famille bordelaise. A cette hauteur, entre Bordelais, on se tient.

L'ascenseur nous déposa au sixième. Il était onze heures et demie le matin. On nous fit attendre au salon, «le maître» devant d'abord terminer un article pour le *Figaro*. La pièce était joliment décorée. Pas étonnant, m'expliqua le Père Maydieu, François était décorateur à Paris, au début de sa carrière, à l'époque de *L'Enfant chargé de chaînes*.

Il apparut, grand, mince, élégant, félin, presque une tête d'oiseau, la dent coupante entre les lèvres minces fendues d'un sourire, un peu comme entre deux pages, et posa sur moi le regard lourd d'une lassitude un peu jouée, car avec le Père Maydieu il avait été parfait. En dépit de tout le bien que Maydieu lui avait dit de moi et dans lequel je me sentais à l'aise comme dans le pagne du géant Goliath, Mauriac, désireux de m'exécuter au plus vite — et, le sentant, j'étais déjà tout tendu — me lança:

«Ah! la Province de Québec, il paraît qu'on y lit surtout du Delly et qu'on y proscrit presque mes livres parce qu'on y sent trop le péché.» L'œil du voyeur amusé m'épiait.

Bougonnant, je répondis très vite et à peu près ceci: «Toutes proportions gardées, on lit autant Delly et Mauriac en France que chez nous, où d'abord vous devriez venir avant de porter un pareil jugement. Quant à moi, l'élément péché dans vos romans m'est assez indifférent. Celui que j'aime et admire en vous, c'est le grand écrivain. D'ailleurs, ne vous plaignez pas, le péché mortel, c'est votre marque de commerce, et vous la contrôlez tellement bien que les autres écrivains qui veulent s'y frotter perdent leur chemise. Après tout, en France, il y a tellement d'écrivains que, pour réussir, chacun doit avoir son filon. Vous en avez découvert un bon: l'inquiétude spirituelle.»

Mauriac m'ouvrit littéralement les bras. «Je vous invite à déjeuner tous les deux.»

Comme il était différent de ce que j'avais imaginé! Fin, sensible, tour à tour cynique et tendre, inquiet et sûr de lui, à l'affût puis presque indifférent, un peu jeune fille coquette et soudain spadassin au regard d'acier, calculateur et généreux, il semblait tout à la volupté de vivre cette gamme infinie d'états d'âme que sa langue magnifique tenait en laisse.

Ce fut déjeuner en famille, avec ses deux fils, dont Claude, l'aîné, et Madame Mauriac. Le souvenir qui me reste de ce déjeuner, c'est l'énorme présence du «maître» au repas familial. On retrouve cette impression de paternelle omniprésence chez Tolstoï, et probablement chez la plupart des êtres démesurés. Le grand artiste est peu fait pour être père. Les deux fils m'ont semblé intimidés et il m'a paru que Mauriac prenait un malin plaisir à se servir de ses invités pour les mettre en boîte. Quant à Madame Mauriac, très grande, très belle, elle obéissait au moindre désir du maître en souriant comme si c'eût été pour elle un heureux devoir. J'ai retrouvé le même rapport mari-femme chez Georges Duhamel. A un certain moment, Claude Mauriac, intelligent, vif, et qui se défendait le mieux contre le géant, manifestait un courageux enthousiasme en exposant à son père un projet de scénario de film, car à l'époque, Claude Mauriac signait une chronique de cinéma. Il s'agissait de raconter le séjour des papes à Avignon. Mauriac écouta attentivement et dit: «Mon cher Claude, écris le scénario, confie-le à Roger, il le placera moyennant 20%, dont il me remettra 15%.» Claude rougit et se tut.

Le magicien m'emmena ensuite dans sa magnifique bibliothèque et me dit que ma visite lui avait fait beaucoup de bien (il avait l'air de dire «j'aime bien les barbares»), contre quoi il me permit de me choisir trois de ses livres. Je pris trois éditions de luxe. «Aie! Aie! Aie!» protesta-t-il. Il y avait parmi ceux-ci, l'exemplaire numéro 4 de son *Journal* publié à La Table Ronde. Il me l'enleva, le remit sur l'étagère, m'en donna un autre. C'était le numéro 2.

Je viens d'ouvrir ce précieux volume et le cœur me saute. Il y est écrit «A Roger Lemelin, de François.»

Il y avait réception de Fernand Gregh à l'Académie française dans l'après-midi. Mauriac me pria d'accompagner sa femme en ville, où elle devait faire quelques courses. Dans ce Paris du mois de mai, parfumé par les marronniers en fleurs, nous étions comme deux collégiens. Cette princesse de soixante ans s'extasiait comme une jeune fille aux vitrines des grands magasins. Après avoir dégusté une bière à la Brasserie Lipp, nous nous sommes rendus au Palais de l'Institut. La salle était remplie. Un tout Paris amusé et condescendant venait au spectacle du poète vieillard de 80 ans. Fernand Gregh qui, depuis vingt ans, sollicitait la faveur d'un fauteuil. Il paraît que des démarches, il en fit! Nous étions très mal assis. Madame Mauriac et moi, ayant les jambes longues, nous tordions littéralement dans nos fauteuils pour trouver une place à nos genoux. Mauriac, espiègle comme un gamin, assis derrière Maurice Garçon sur la scène, nous faisait des bye-bye. Il voulait sans doute farder la réalité morbide de ce tribunal d'hommes vieux, rassurés par la prudente charité qu'ils manifestaient en offrant l'Académie à Gregh pour lui rendre plus agréable la courte route vers la tombe.

Ensuite, dans la cour pavée du Palais, Fernand Gregh, l'épée au côté, reçut les félicitations et les accolades de tout ce beau monde. Il y eut un incident. Sur le trottoir passait un clochard très vieux, tenant dans sa main droite un filet rempli de légumes et de poissons. Il se mit à crier: «Fernand Gregh, ach! Il doit sa célébrité à un vers de lui qu'on a attribué à Verlaine!» Un gendarme le fit circuler.

C'était Paul Léautaud. Plus jeune, Gregh et lui avaient été amis. Vint mon tour devant le héros. Je suais à grosses gouttes. Que lui dire? «Je représente ici la Société Royale du Canada qui m'a délégué.» Il me tombe dans les bras en pleurant: «Ah! mon enfant, ah! mon enfant! Quel beau jour!» Et je tenais mes lèvres serrées dans sa longue barbe grise. Fernand Gregh mourut peu après.

Il y a quelques jours j'ai relu ce merveilleux roman qu'est *Le Désert de l'amour*. Que j'étais stupide de ne voir en Mauriac que le romancier du péché! Hélas! dans mon enfance, on ne m'a parlé que de fautes vénielles ou mortelles.

Problèmes de romancier

Après quarante ans d'écriture consacrée en majeure partie à la fiction, il m'arrive souvent de réfléchir davantage aux effets de mes histoires sur les autres qu'aux personnages que j'ai à moitié inventés, tant il est vrai qu'un romancier ne crée jamais absolument ses personnages. Ceux-ci trouvent leurs racines chez des gens qu'il a côtoyés, qu'il s'est appropriés, pour les remodeler, s'y fondre selon son humeur et ses prétentions à reconstituer l'univers.

J'oublie les auteurs pour qui écrire constitue un métier comme un autre, où ils produisent bon an, mal an, des bouquins bien fabriqués, selon un moule, en fonction des goûts d'une clientèle fidèle. Je songe surtout aux autres, ceux pour qui écrire un roman est un besoin profond de se projeter soi-même, une façon miraculeuse d'atteindre le public, de lui communiquer ses angoisses et ses rêves par la magie de l'invention romanesque, de les lui faire partager par le truchement de personnages qui semblent surgir de la réalité. C'est là une ambition louable, mais combien risquée, qui peut déboucher, si elle réussit, sur des drames imprévus, où l'imaginaire inflige au réel des secousses redoutables.

Ce type d'écrivain risque de constituer, pour ceux qui croisent sa route, une dangereuse énigme. Des vies obscures, tranquilles, ignorées, ont été brisées par ces apprentis sorciers que sont ces romanciers. J'ai pour la première fois été troublé par ce qui est arrivé à un type qui s'est reconnu dans un personnage du grand écrivain français Radiguet, mort dans la vingtaine. Radiguet, dans son célèbre roman *Le Diable au Corps,* raconte l'aventure d'un adolescent de seize ans qui, pendant la guerre 1914-18, dans une petite ville de province, profite du séjour aux tranchées d'un mari dont l'épouse, jeune et jolie, se morfond de solitude.

C'est une troublante histoire d'amour où l'on voit un adolescent, charmant et irresponsable, conquérir une femme mariée plus âgée que lui; ce livre est considéré comme un chef-d'œuvre et a apporté la gloire à son auteur. Revenu de la guerre, un mari, dans cette petite ville, lut le roman, crut reconnaître sa femme. Malgré les dénégations de l'épouse, le mari ulcéré s'enferra dans ses convictions, en fit une protestation publique et, bien sûr, mena son foyer au désastre. L'histoire était-elle vraie ou fausse? Le romancier peut toujours répondre que ce n'est pas de sa faute si ses personnages sont universels, si quelques détails précis font croire à un reportage, à une chronique, quand au contraire il s'agit d'une situation créée avec tant de talent qu'on la croit vraie.

Au début de sa carrière, ce type de romancier ne soupçonne pas l'ampleur des remous que son alchimie peut créer dans la vie des autres. Emporté, grisé par ses illusions, il lance à tous vents, et dans la joie, le nouveau-né de son imagination créatrice. Mais il découvre vite, et avec stupeur, que ce que, dans son ivresse poétique, il avait pris pour une pure création de l'esprit, représente pour son entourage, son milieu, une maligne déformation des faits, souvent une charge méchante contre la société. Ce phénomène est fréquent à propos des romans qui décrivent la vie dans un milieu géographique donné, où les lecteurs diagnostiquent un roman à clé. Daudet, à propos de *Tartarin de Tarascon,* a été honni par ses concitoyens; plus près de nous, Gabrielle Roy n'a pas plu aux citoyens de Saint-Henri, milieu décrit dans *Bonheur d'occasion,* et plusieurs Acadiens refusent la vision qu'offre de l'Acadie, au monde, Antonine Maillet. Lors de la parution de mon roman *Au Pied de la Pente douce,* j'ai souffert d'une véritable persécution dans mon milieu.

L'écrivain est forcément secoué par ce type de réaction à son œuvre. Il commence à se barder, à se poser des questions, à se culpabiliser. Est-ce vrai qu'il se nourrit des autres à ce point? Et un examen de conscience commence à s'élaborer chez lui, freinant son élan créateur. J'ai été traumatisé un jour par un film (était-ce du Bergman?) où un écrivain qui n'avait jamais connu le succès atteint enfin la gloire en décrivant chaque jour les progrès d'une maladie incurable dont se meurt sa propre fille. Le romancier est-il un monstre qui trouve sa pitance, sans distinction, chez ceux qui l'entourent? Quel est le degré de transposition et de talent justifiant ce comportement? Par respect humain, doit-il renoncer à la littérature, étouffer ses impulsions, se taire?

J'ai eu de longues conversations à ce sujet avec François Mauriac, qui me disait avoir souffert de telles angoisses à ce sujet qu'il en était arrivé petit à petit à délaisser pendant longtemps le mode romanesque.

Le romancier est d'abord pareil à celui qui, accoudé au parapet d'un pont, lance une pierre dans l'eau calme, juste pour voir combien de cercles créera cette pierre sur l'onde. Mais il peut arriver que, dans les eaux dormantes du cœur, ces cercles prennent de l'ampleur, créent des vagues, puis la tempête.

Je me souviens d'avoir été incapable d'écrire pendant des semaines parce que plusieurs enfants étaient morts dans un incendie, les parents les ayant quittés une demi-heure pour aller écouter chez des voisins mon émission de télévision *La Famille Plouffe*.

Plus les années ont passé, plus je suis devenu craintif devant l'œuvre à faire. Mes premiers romans ont fait souffrir des parents, des amis qui n'ont pas compris la part de la transposition dans mon œuvre. Comment leur faire comprendre qu'ils avaient tort, que mes personnages étaient tout autres, qu'ils étaient des membres d'une société secrète que j'étais seul à connaître?

Quoi qu'il en soit, ce ressac du social contre le créateur est le plus grave danger qui menace le romancier, mante religieuse qui se nourrit de tout ce qu'il voit, entend et aime pour élaborer son œuvre, et qui fait qu'il est craint comme l'étranger dans la ville. Mais son œuvre le poursuit de plus en plus. Balzac, sur son lit de mort, n'appelait-il pas un médecin de son invention pour le soigner?

A chaque livre qu'on écrit, il faut perdre la mémoire, y travailler comme si c'était le premier.

Il faut renoncer à écouter le vacarme de plus en plus ample de l'œuvre passée, que l'écho nous renvoie, fuir le traître ressac de la réalité et se terrer dans la tanière des naïvetés premières; car le romancier n'est pas qu'un monstre. Il doit songer aux vies qu'il a transformées par une seule pensée, aux carrières, aux idéaux qu'il a déclenchés; il est une sorte de filtre, un redoutable magicien qui exprime des états d'âme, qui formule des vérités, qui ouvre des avenues au cœur et à l'esprit: Je me rappelle ce jeune prêtre qui, dans un train, me dit: «Je vous dois ma vocation, à cause de cette page que vous avez écrite, il y a plusieurs années.» Et il me la cita. Je ne m'en souvenais pas.

Le romancier doit-il renoncer à son statut d'être social et doit-il se donner absolument à sa folie de vouloir recréer le monde? S'il n'a pas assez de talent, il paiera d'un prix douloureux son pari perdu. S'il le gagne, il récoltera, dans une solitude de plus en plus épaisse, où même ses propres enfants seront des étrangers, les fruits d'une réussite qu'il sera le seul à savourer, étant le seul à en connaître la nature.

Chacun son mur

Devant les angoisses du présent, tout homme part à la recherche du temps perdu. Cette aventure est particulière aux écrivains, chez qui les souvenirs recréent de défuntes et plates réalités quotidiennes en feux d'artifice aux couleurs de légendes. Heureux mais inquiétants individus, ceux qui, par la magie de la transposition, font métier de transfigurer le vrai!

Point n'est besoin d'être écrivain pour remonter le fil du temps et chercher l'heure, le jour de son enfance, où un incident anodin a fait de soi un être à part, tant il est vrai que tout individu est exceptionnel. Il n'est pas question ici de classer les hommes en imbéciles, en quelconques animaux à deux pattes, ou en génies, il s'agit de cerner le jour J de son enfance où l'on a construit un mur autour de soi, pour toujours, afin de résister aux assauts divers qui menacent la vie du moi fragile.

Je me rappelle exactement ce jour-là. C'était le huit septembre 1930, à cinq heures et demie de l'après-midi, donc il y a cinquante ans. Eté heureux, le dernier été insouciant de la petite bête anonyme et aventureuse qui, avec une dizaine d'autres, avait parcouru les champs à la cueillette des fraises, des framboises, des mûres, des bleuets, des cerises à grappes, des pommes blanches; été heureux qui m'avait vu pêcher la truite des ruisseaux, participer à des festins inoubliables sur feux de rondins, en plein champ. Dans une vieille chaudière se plaignait le saindoux bouillant qui réclamait les pommes de terre que je m'esquintais à tailler sur le long pour en tirer des frites superbes, en chantant avec mes copains qui s'affairaient soit à vider la truite, soit à plumer la poule, soit à laver les légumes, soit à cacher à l'ombre les biscuits au chocolat Viau. Sauf la truite, les victuailles avaient été chipées à quelque épicerie, à quelque poulailler, à quelque jardin. Nous finissions l'après-midi par une baignade au Remous des Hirondelles, dans la rivière Saint-Charles, à l'époque fort limpide, et nous rentrions à la maison vers six heures, bouquet de fleurs sauvages à la main pour notre maman, au cas où quelque marchand, quelque jardinier lésé aurait porté plainte. C'était en pleine crise économique; des pères de famille sans travail, assis sur les perrons, fumaient rageusement leur pipe; des camions bondés de jeunes gens féroces, pelle sur l'épaule, se dirigeaient vers Valcartier au chant de: «Nous sommes les vingt-cennes de Valcartier, belle job permanente à l'année.»[1] Que nous importaient le chômage, la misère! C'était l'affaire des adultes. Notre été ne se terminait-il pas en apothéose par la foire de l'Exposition provinciale?

Je m'y étais rendu à neuf heures du matin, ce huit septembre, en sautant la clôture, car je n'avais pas les vingt-cinq sous du prix d'entrée. Nous nous ruons vers le contremaître du cirque et nous sommes engagés pour le montage des tentes et les divers travaux afférents. Je ne sais plus comment cela arriva, mais je fus happé par la charmeuse de serpents, qui fit de moi son valet pendant quelques heures. De toute façon, nous fûmes payés par des tickets qui nous donnaient droit aux chevaux de bois, aux montagnes russes, aux cuves et à soixante-quinze sous de nourriture. Que de sensations inoubliables de vertiges, de cris, de vitesse, d'exaltation, de multiplication de soi, dans cette succession de machines qui menaçaient à tout instant de vous

---

[1]. Pour calmer les chômeurs, on les occupait à casser des cailloux à vingt sous par jour, au camp militaire de Valcartier, près de Québec.

lancer en orbite dans le firmament! Cela me donna une faim telle que je dévorai quinze cornets de frites à cinq sous chacun.

Je revins à la maison dans un état d'exaltation indicible. Je me calai dans la chaise berçante de maman, presque toujours occupée par mon père qui ne travaillait, à cause de la crise économique, que trois jours par semaine, et je fermai les yeux. Il se produisit un phénomène étrange. Non seulement je revivais cette grande journée par une évocation méticuleuse, mais dans ma chaise, les yeux fermés, elle était plus présente que lorsque je la vivais. Mes narines humaient exactement l'odeur des diverses nourritures, mes yeux voyaient intensément les couleurs multicolores des tentes, les teintes des différentes machines dans un kaléidoscope éblouissant, le blond des frites et des cheveux de la charmeuse de serpents, mes doigts retouchaient sa toison d'or que je l'avais aidée à répandre sur ses épaules, ils se rappelaient les aspérités de la clôture sautée, mes oreilles entendaient encore mieux les cris des saltimbanques, la musique des orgues de Barbarie des manèges et le murmure enchanté des foules enfantines qui fréquentaient les foires, les coups de fusil à bouchon, le cric-crac des roues de fortune et le barrissement des éléphants. Dans ma bouche pleine, ma langue s'humectait de plaisir, goûtant encore mieux les frites imprégnées de vinaigre et de ketchup Heinz 57. Cette découverte de la résurrection du souvenir par les sens me bouleversait, me faisait peur, comme si j'avais été choisi pour une apparition divine. J'ouvris les yeux, inquiet, et demandai à maman qui préparait un pâté chinois: «Maman, quand tu fermes les yeux, est-ce que tu vois exactement ce que tu as vu hier, ton nez se rappelle-t-il toutes les odeurs, tes doigts tout ce que tu as touché, ta bouche ce que tu as mangé, tes oreilles tout ce que tu as entendu, comme si c'était encore plus vrai?» Ma mère me regarda fixement de ses petits yeux rieurs, haussa les épaules: «Qu'est-ce que tu racontes là? Est-ce que je sais, moi. Sors de tes rêveries et va me fendre du bois.» Dehors, je posai la même question à mon frère, puis à mon ami. Même réponse.

Je compris vaguement que j'étais le dépositaire d'un étrange secret, d'un curieux privilège. Je me sentais propriétaire d'un trésor à moi tout seul. Ma première propriété, la seule au fond à laquelle j'aie jamais tenu. Autour de ce trésor, j'ai érigé un mur très haut.

La vie m'a forcé et me force encore à le sauter pour vivre avec les autres tout en leur levant un coin du voile des miracles qui se passent dans ma seigneurie; et quand je me sens menacé par l'amour ou la haine, par les deuils ou les regrets, par les ventouses du quotidien, je ressaute mon mur, vérifie si le temps y creuse des failles et, par le souvenir des sens et du cœur, j'y reconstitue le paradis. Car comment peut-on, dans quelque discipline que ce soit, être créateur si l'on ne possède pas cet équipage à cinq sens, harcelé par le double fouet du cœur et de l'imagination, dans la sublime aventure de la recréation du monde par la recherche du temps perdu, avec des mots que l'on suce comme des bonbons français?

Le rouleau à vapeur

L'automne dernier, à l'époque où s'élaborait le volumineux scénario du film de cinq heures qui allait être tiré de mon roman *Les Plouffe*, Gilles Carle, notre brillant cinéaste, me talonnait pour que je me mette sérieusement de la partie.

Ce film, audacieux par son ampleur, rendait Gilles fébrile, impatient et comme illuminé. Dans l'appartement que j'occupe à Montréal et où, d'habitude, le soir, je songe plus aux destinées de *La Presse* qu'aux fantaisies de la création littéraire, il essayait de vaincre mes résistances. «Je n'aime pas travailler dans du vieux», lui disais-je, et nous jouions une partie d'échecs, où il excelle, partie qu'il interrompait de temps en temps pour m'exposer avec enthousiasme, avec force gestes et éclairs dans l'œil, les images éblouissantes qu'il projetait pour telle ou telle scène. Allait-il me dégeler?

Je ne sais si c'est parce que j'ai beaucoup d'amitié pour Gilles (tout jeune homme, il participa comme correcteur à la composition de *Pierre le*

Magnifique, aux ateliers du *Soleil* à Québec), ou si c'est parce que tout en jouissant de me laisser supplier, je craignais le piège et les maléfices de personnages fixés dans un roman trente ans plus tôt, mais je lui laissais un bien fragile espoir. Je buvais quand même du petit lait en l'écoutant, tout en refusant mollement de retourner en arrière. Il s'y prit autrement, me demandant de lui expliquer comment Onésime, le chauffeur d'autobus du roman, s'était tué aussi bêtement à bord de son véhicule tout neuf. «Parce qu'un conducteur de tramway, prisonnier des rails depuis vingt-cinq ans, a défié les dieux de vouloir s'en passer, de croire qu'un pavage vierge, c'était la liberté enfin acquise.»

«Continue», dit-il, en faisant des ronds avec son bras et sa main gourmande, «parle des images qui te viennent en évoquant cette époque.»

«Je me rappelle un énorme rouleau à vapeur dont les freins avaient flanché presque au sommet de la *Pente douce*. Le conducteur, noir de bitume, ses yeux blancs épouvantés, avait eu juste le temps de sauter en bas du monstre, lequel dévala la pente dans un tintamarre effroyable, mais ô miracle, n'écrasa personne, et alla s'enfoncer dans une maison en brique au pied de la côte, surprenant quelque maman allaitant un petit Québécois. J'étais gamin, je revenais d'une cueillette aux cerises à grappes et j'entends le piaillement affolé des oiseaux au passage du bolide brinquebalant, perdant son charbon incandescent, sa vapeur, dans un sinistre vacarme strié de sifflements annonçant la fin du monde. Les ouvriers en chômage, cachés dans les bosquets le long de la côte et qui essayaient d'attraper des rouges-gorges mâles dans les trébuchets, avaient couru vers leurs cages comme pour les protéger du tonnerre. Euh...»

«Et alors?» me dit Gilles Carle. «Je vais te dire comment est mort Onésime.» Il se tut prudemment. Et je commençai mon récit.

«Onésime aimait Cécile, mais il était marié, et même si Cécile était une vieille fille fort réservée, la mère de Cécile commençait à voir d'un mauvais œil les visites assidues, quoique platoniques, de ce chauffeur d'autobus qui apparaissait à la maison tous les soirs et le dimanche après la grand-messe. Onésime, qui se torturait, conscient de la mauvaise humeur de la mère, trouvait toutes sortes d'excuses pour arriver chez Cécile comme si de rien n'était. Avec son trébuchet, il attrapa un rouge-gorge mâle, qui chante si bien, l'apporta dans sa cage à Cécile qui lui donna un joli nom, Tarzan.

Par ses chants, il transforma la chambre de

Cécile en paradis, accompagnant même ses lectures des romans de Delly d'une musique de fond qui se mit à lui donner des idées saugrenues comme celle d'aller vivre avec Onésime dans une chambre pas chère. Elle en parla prudemment à Onésime à la sortie de l'église, mais il chassa ces projets audacieux en lui promettant d'aller montrer à la famille l'autobus neuf qu'on lui confierait demain, car l'ère des tramways était finie. Ce qu'il fit en emmenant en promenade, bien sûr, toute la famille. Cela lui assura pour un temps de retrouver les bonnes grâces de la maman. Mais ça trottait, ça trottait dans le petit cœur de Cécile. Au lendemain d'une cruelle et violente dispute comme seules peuvent en souffrir une mère et une fille, Cécile, à sept heures du matin, partit avec une petite valise, son livret de banque, la cage avec Tarzan dedans, le chapeau enfoncé jusqu'aux yeux, amazone décidée à conquérir sa liberté. Elle attendit l'autobus bien astiqué qui se rangea professionnellement le long du trottoir. L'accordéon de la porte s'ouvrit et Onésime aperçut sa passagère. Un pressentiment le saisit. Elle s'asseyait derrière lui avec sa valise, sa cage et Tarzan, qui se mit à chanter. D'une main peu sûre, il fit redémarrer le véhicule. A voix basse, fiévreuse, elle lui parla de son projet. Il lui répondit: «Je n'aime pas me faire parler dans le cou.» Elle insista, décrit la petite chambre à $15 par semaine qu'elle avait trouvée. Onésime conduisait mal, essuyait des sueurs froides. «Voyons, Cécile, tu passes un mauvais quart d'heure. C'est des choses qui se font pas. J'ai des enfants. Ensuite je pourrais plus rencontrer ton père.» «Tu m'as laissé entendre que tu m'aimais. Ah! Tous les hommes sont lâches! M'aimes-tu?» «Ben... comme ça, ouais comme ça.» «Viens donc, essayons la chambre deux semaines.» «C'est non!»

«Ah! lâche, lâche! Arrête l'autobus, je sors ici. Je veux plus te voir, sans-cœur!» Il stoppa brusquement, au grand déplaisir des passagers bousculés. Elle sortit, laissant, derrière Onésime, la cage et Tarzan. Il redémarra aussi rudement qu'il avait stoppé. Les passagers se mirent à rire. Sous le choc, la porte de la cage s'était ouverte et Tarzan volait en chantant, se déposant sur la tête de l'un, sur le bras de l'autre, pour finalement aller se percher sur le nez d'Onésime. Cécile, qui marchait vite, entendit un bruit épouvantable. Elle courut et vit l'autobus d'Onésime écrasé contre le rouleau à vapeur qui enfouissait sous du beau bitume noir les rails qui avaient, pendant vingt-cinq ans, gardé Onésime prisonnier. Il était mort.»

«Mais, ça n'est pas dans ton roman», s'écria Gilles Carle.

«Ah! non?» dis-je.

L'évêque anglican

Ecoutant l'autre soir à la télévision l'émission américaine très populaire *The Loveboat,* où l'on exploite diverses intrigues, d'amour en particulier, qui se déroulent au cours d'une croisière en haute mer, je me remémorais une mésaventure qui me tomba dessus à bord de l'*Empress of France* dans les années 1950.

Il faut d'abord dire que deux jours avant mon départ pour Paris, je reçus un coup de fil du chef de police de Sillery, Gérard Tobin, aujourd'hui grand patron de la sécurité aux Caisses populaires, pour se plaindre encore une fois, non de mon chien boxer, si attaché à ma femme qu'il revenait des jardins des voisins avec des roses, des tulipes, des bégonias dans la gueule et, tout fier, les laissait choir à ses pieds en agitant son tronçon de queue, mais de mon fils aîné, dont les mauvais tours bénins ne se comptaient plus. Cette fois, c'était grave. La victime était un juge sans enfants, aujourd'hui décédé, dont la femme, toujours tirée à quatre épingles, chassait les gamins qui jouaient à la balle dans la rue devant sa maison, en les traitant de petits voyous. Or, mon fils, chez qui le sens de la dignité personnelle et familiale s'affirmait fort aigu, prit sa revanche. Il demanda à son grand ami mon chien de s'exécuter généreusement par son bout le moins distingué; il enveloppa le tout dans un vieux journal, déposa le paquet sur le perron de la maison du juge, y mit le feu, agita la sonnette en criant «Au feu!» Affolée, madame la «jugesse» accourut, vêtue de son vaporeux peignoir bleu poudre et chaussée de pantoufles de même teinte, bordées d'une lisière de fourrure rose. Apercevant le journal en feu, elle se précipita et piétina de ses charmants petits pieds cette gazette enflammée, avec le résultat que l'on sait.

Monsieur le juge vint me voir. Quand je le vis retenir son envie de rire, je respirai. Il me proposa un marché. Il retirait sa plainte, mais en revanche — il me le demanda avec un certain embarras — je lui rapporterais de Paris, un livre, oh! pas vulgaire, non, mais... enfin, mais d'un érotisme évident. La révolution tranquille n'était pas arrivée encore, l'Eglise était très sévère à Québec, et la Librairie Garneau se montrait si obéissante qu'on y vendait mes livres sous le manteau. Marché conclu.

A Paris, dans une librairie de la Rive Gauche, après avoir acheté la *Vie de sainte Thérèse d'Avila* et les *Essais* de Montaigne, j'exposai, le rouge aux joues, mon dilemme au libraire, qui grimpa sur un escabeau pour me rapporter un exemplaire poussiéreux de *Gamiani*, ce chef-d'œuvre du genre de la fin du dix-neuvième siècle, résultat, si ma mémoire est bonne, d'une gageure entre Alfred de Musset et quelques compères, à savoir qui réussirait à inventer l'histoire la plus délicieusement salace. Le volume était généreusement illustré de dessins au fusain, et c'est avec embarras que je me rappelle exactement l'image d'un diable nu, crochu, en escarpolette, qui menaçait dans sa descente une jeune fille terrassée, épouvantée et jupons retroussés.

Je fourrai le livre dans ma valise et m'embarquai sur l'*Empress of France,* où je comptais, comme compagnon de cabine, un évêque anglican. Il venait d'Angleterre. Je ne sais si tous les évêques anglicans affichaient la même indifférence envers le protocole, ou si c'était à cause des restrictions monétaires qu'on imposait aux Britanniques, mais à l'époque un évêque québécois eût voyagé, sinon en première classe, du moins seul dans une cabine. En 1950, dans notre religion, un évêque, c'était un évêque. Quoi qu'il en soit, mon évêque anglican n'était pas bavard et lisait presque constamment sa bible Gideon. Ces Anglais-là n'ont pas le mal de mer, quels que soient les soubresauts du navire sur l'Atlantique déchaîné du début juin. Moi, livide comme un suaire, l'estomac chaviré, j'essayais de reprendre vie sous le timide soleil qui réchauffait le pont humide.

Recroquevillé sur mon banc dans une posture de convalescent, je regardais déambuler les passagers en bonne santé, presque tous habillés de tweed écossais. Et tout à coup, que vois-je! Un géant d'au-dessus de sept pieds, d'une cinquantaine d'années, athlétique, les mains et les pieds énormes, le cou entouré d'un foulard rouge dont les extrémités battaient au vent du nord. Je n'avais jamais vu un tel spécimen humain. Après plusieurs tours de pont, il vint, mine de rien, s'asseoir près de moi et engagea la conversation. Britannique, il parlait français. Il sut vite ce que j'étais allé faire en France, et quand je lui parlai du livre *Gamiani,* il désira le voir. Je l'invitai à ma cabine, mais quand il apprit que je la partageais avec un évêque anglican, il objecta que feuilleter ce livre devant un homme d'église ferait un peu incongru. Donc, livre en main, je me rendis à la cabine qu'il habitait seul. Surpris, je le vis tourner la clé dans la serrure, l'y laisser. Il vint s'asseoir sur la banquette à mes côtés, feuilleta rapidement le bouquin, en m'expliquant qu'il était marié à une femme de six pieds et trois pouces qui lui avait donné six enfants; il se rendait les retrouver au Canada. Songeur, il feuilleta à nouveau *Gamiani* et me raconta que, chose étrange, malgré sa taille gigantesque, il avait déçu ses parents qui, à sa naissance, eussent préféré une fillette. Chose plus étrange encore, malgré des proportions masculines considérables, il avait joui, jusqu'à sa vingtième année, d'une sensibilité et de goûts de jeune fille. Je commençais à me poser des questions, je regardais fixement la clé dans la porte. Il ouvrit le livre à nouveau, examina le dessin du diable dans l'escarpolette. Puis son visage tourna au cramoisi, il devint fébrile et déposa sa main énorme sur mon genou. J'ai cru ma dernière heure venue. Il dit: «N'ayez pas peur, ma taille ne veut rien dire, je suis normalement constitué, comme vous. Je vous désire, cher.» Je ne sais si la vertu donne des ailes, mais je m'étais dégagé et d'un bond j'atteignis la porte, tournai la clé et, oubliant mon *Gamiani,* je m'enfuis dans ma cabine en fermant la porte à double tour. Que j'étais heureux de rejoindre mon cher évêque anglican, que je le trouvais sympathique! Il s'étonna de me voir si pâle et si essoufflé. On frappa à la porte. Je retins ma respiration. Le géant arrivait. Je serais violé, déchiqueté. L'évêque se rendit ouvrir. Mon agresseur lui tendit le *Gamiani* en me jetant, par l'entrebâillement où sa tête touchait le plafond, un regard moqueur. La porte se referma.

Perplexe, mon évêque me tendit le livre. Je lui narrai mon aventure. «Vous n'avez pas honte, dit-il, un jeune père de famille catholique, acheter de tels bouquins?»

«Oh! dis-je... ce n'est pas pour moi, c'est pour le Juge.» «Ah! bon...» Il se mit, par scrupule d'évêque anglican, à feuilleter *Gamiani,* fit «eurk!» puis se replongea dans sa bible Gideon.

Le mangeur de poteaux

Il y a de ça longtemps, apparaissait, à hauteur d'homme, un trou gros comme le poing dans le poteau de téléphone en cèdre à l'intersection des rues Colomb et Montmagny. C'est Carbonneau dit «les dents» qui le rongeait un peu chaque jour lorsqu'il était triste.

Carbonneau, à 17 ans, était le garçon le plus dépourvu, le plus malheureux que j'aie connu. Scrofuleux, l'œil dégoulinant, le cheveu filasse, grand, voûté, il était affligé de dents tellement longues qu'elles débordaient sur son menton, de sorte que pour mordre la lèvre, il lui fallait ouvrir la bouche. De plus, ses parents étaient très pauvres. Fils unique, il vivait avec eux au pied du Cap qui sépare Québec en deux, dans une étrange masure dont le toit était fait de fonds de barils ou de chaudières rouillés, retenus ensemble par un calfeutrage de guenilles enduites de bitume. Les murs de la bicoque offraient un aspect curieux: ils étaient faits de plaques d'immatriculation périmées, de diverses couleurs; on ne pouvait les regarder longtemps, l'œil devenant affolé devant tant de chiffres s'étalant dans toutes les directions. Le père buvait beaucoup de bière, trafiquait la guenille ou vendait des fruits et légumes fanés, achetés en solde au marché la veille de leur décadence. Il pratiquait son commerce perché sur une charrette tirée par un cheval aussi abruti que son propriétaire. La mère de Carbonneau ne savait pas lire, était très forte et eût trouvé à astiquer ou à laver plus de parquets si elle n'avait pas eu autour des hanches, comme jupe, une poche vide de jute retenue aux côtés par une épingle à cheval. Cependant, elle possédait une voix si extraordinaire qu'elle eût pu, plus favorisée par les circonstances, devenir célèbre au Metropolitan Opera. Mais elle ne s'en doutait pas.

Père et mère aimaient peut-être leur fils, mais ne lui en soufflaient mot. L'histoire ne dit pas s'ils nourrissaient à son endroit des sentiments autres que de la pitié embarrassée, à cause des dents dont la longueur démesurée lui avait fait quitter l'école en première année sous une volée de sarcasmes.

Comme pour se faire accepter par la petite bande d'amis qui se tenait chaque soir au coin de la rue, il prit une «mordée» dans le poteau de cèdre amolli par les intempéries et nous fit bien rire. Il revenait chaque soir, ayant acquis l'habitude de le mordre pour toutes sortes de raisons, soit que nous le laissions seul avec le poteau afin d'aller flirter sur la Terrasse Dufferin, soit qu'il eût passé un mauvais quart d'heure avec ses parents, soit que sa solitude le fît trop souffrir.

Puis, un soir, Carbonneau n'apparut pas, les autres soirs non plus. Chez Carbonneau, il s'était passé deux événements majeurs. D'abord, Monsieur le Curé, en passant près de la bicoque, avait entendu une voix féminine extraordinaire chanter *Le Rêve passe*. Il fit conscrire cette paroissienne inespérée par la direction de la chorale, qui lui apprit à chanter *Je te bénis ô douce et tendre Mère*. Elle cessa de porter sa jupe de jute, s'attifa mieux et négligea ses rares clients. Elle ne rêvait qu'au grand jour de la première, à la grand-messe. Le père, étourdi par les trilles de l'infatigable cantatrice qui lançait ses *Je te bénis* sur tous les tons, en majeur et en mineur, emmena pour la première fois son fils aux longues dents dans sa tournée de vente de fruits et légumes, en lui enseignant la façon de crier: «Des bananes, des belles bananes, pas une torieuse de pourrite!»

Que de rues nouvelles le fils découvrit! Mais il en était une où le père refusa de s'engager, par respect pour la nouvelle carrière de sa femme sans doute. Le fils se vit expliquer que c'était une rue défendue. Le lendemain son père, ayant pris un petit coup de trop, tomba endormi au fond de la charrette sur un amas de carottes et de choux. Carbonneau «les dents» saisit les rênes et engagea son équipage dans la rue défendue qui était, bien sûr, la rue des filles de joie. Son père ronflait. Mais pourquoi donc cette rue était-elle défendue? Il aperçut une jeune fille aux longs cheveux blonds, recroquevillée sur le bord du trottoir, et pleurant à chaudes larmes.

Bouleversé, il immobilisa le cheval et sauta près d'elle. Elle pleurait, pleurait. Elle ne disait rien. Que faire pour la consoler? Elle n'avait pas peur de ses dents? Il lui offrit une banane. Dans un récit entrecoupé de sanglots, la malheureuse lui expliqua que ses parents l'avaient chassée de son lointain village, qu'une copine l'avait entraînée dans cette rue pour lui faire faire des choses inacceptables. Il emmena la jeune fille chez lui. Son père protesta, sa mère pesta. On voulut la renvoyer. Alors le jeune Carbonneau fit une scène d'une telle férocité qu'il parut encore plus dangereux que le monstre de Frankenstein. Ses dents se firent si menaçantes qu'elles donnaient l'impression de pouvoir couper un poignet en deux. On se tut et on endura.

Jamais jeune fille de rue défendue ne fut plus aimée et servie avec autant de sollicitude. Il lui lavait les pieds, lui préparait des soupes exquises, lui caressait les mains comme à une déesse et refusait de lui voir faire le moindre effort en lui répétant: «Tu seras ma femme pour toujours.» Il lui rapportait toutes sortes de fruitages, lui tressait des colliers, des bracelets et des bagues avec des glands, des noix et des avelines. Mais cela ne pouvait durer. Ça ne se peut pas, un tel paradis sur terre. Carbonneau était tellement heureux que ses dents semblaient raccourcir.

Malheureusement pour lui, sa mère émerveilla la paroisse le matin où pour la première fois elle chanta son *Je te bénis*. Elle devint forcément plus catholique et obligea son mari à boire moins. Je ne sais si elle eut un conciliabule avec Monsieur le Curé, mais un jour où Carbonneau «les dents» revint à la maison, les bras chargés d'épis de blé d'Inde doré, il ne trouva pas sa dulcinée. Appuyés contre une série de plaques d'immatriculation 1931, le père et la mère, tremblants, lui dirent: «Elle est partie.»

Il poussa un long hurlement. «Vous l'avez chassée!» «Mais non, elle est partie toute seule.» Il courut comme un fou vers la rue défendue, haletant, poussant des plaintes de bête blessée et ne trouva pas «sa femme pour toujours».

Il revint à la maison, s'assit dans un coin, le menton dans les mains, les dents appuyées sur le menton. Le lendemain matin, au réveil, les parents découvrirent leur Carbonneau «les dents» pendu à la poutre centrale de la cabane, celle qui servait à accrocher les régimes de bananes.

Les rois de la force

En parcourant ces diverses «chroniquettes», que j'ose appeler *Souvenirs en forme de contes,* le lecteur est en droit de se demander comment il se fait que tant de choses arrivent au même individu. Je ne sais pas, mais c'est comme ça. Parce que, peut-être, une personne possédée par le désir de tout vivre se retrouve dans des situations qu'elle a, sans le savoir, secrètement désirées, et si intensément qu'elles accourent à elle comme attirées par un aimant.

Quoi qu'il en soit, ce n'est pas en se coupant du monde, en passant sa vie à ne cultiver que son petit jardin, qu'on est sujet à être emporté dans ce maelstrom d'aventures diverses, plus curieuses les unes que les autres. Ce n'est pas non plus dans une limousine ou dans un luxueux bureau capitonné qu'on profite des leçons de l'université du peuple, dont les chauffeurs de taxi se font les porte-parole éloquents, ou des enseignements de la vie grouillante des quartiers pauvres, des campements de toutes sortes où les hommes vivent coude à coude.

J'ai beaucoup appris dans les salles communes d'hôpitaux où le destin m'a conduit quelques fois. J'y ai connu Victor Delamarre, l'homme fort du Québec, de petite stature mais taillé comme un roc. Très religieux, il comptait parmi ses plus grands exploits le transport à bras de statues fort lourdes et leur installation sur socle, en particulier celle du Sacré-Cœur, ce qui fit de lui l'homme fort préféré du Père Victor Lelièvre, célèbre mentor des processions du Sacré-Cœur à Québec dans les années de crise économique, et à qui des gens vicieux avaient fait croire que j'étais en train d'écrire sur lui un roman intitulé *Les Processions du Père Lampion*. J'ai toujours été fasciné par les phénomènes de puissance physique, ayant été élevé à une époque où Charles Atlas, le culturiste américain, exhibait son torse puissant dans les magazines et était devenu l'idéal physique de toute une génération menacée de famine. Cette génération s'adonna aux poids et haltères, aux exercices violents, avec frénésie; c'est pourquoi vous voyez aujourd'hui tant de sexagénaires aux épaules larges et au torse bombé, phénomènes étonnants d'une époque famélique, qui se fraient un chemin parmi des adolescents au corps long, à la poitrine rentrée, aux épaules étroites, admirateurs des vêtements de Ted Lapidus, faits

A vingt ans je voulais être un nouveau Charles Atlas...

pour leurs fesses maigres et leur torse rachitique, et dont on ne comprend pas qu'ils soient le produit d'une société d'abondance.

Or, Victor Delamarre m'apparaissait comme un héros et j'étais presque prêt à le croire quand il m'affirmait que sa colonne vertébrale était double. Il entrait dans une sombre fureur quand je lui parlais des frères Baillargeon, qui prétendaient battre facilement le record de Victor, 309 livres et demie à l'arraché. Il grognait de révolte quand je lui affirmais que Paul Baillargeon grimpait dans un poteau, y remorquant un cheval de 2000 livres et non une jument fatiguée de 900 livres comme celle de Victor, qu'on appelait «la picasse à Victor». Blessé, il se renfrognait alors dans un triste silence amer, causé en partie par la maladie qui devait l'emporter. J'avais beau lui affirmer que les frères Baillargeon l'admiraient, il se sentait dépouillé par eux. Je lui racontai qu'à Saint-Damien, derrière Lévis, village natal de la famille Baillargeon, où l'on comptait plus de religieuses au mètre carré que partout dans le monde, j'avais vu de mes yeux vu Lionel soulever une plate-forme portant 40 policiers, son frère Charles, le plus faible de la famille, remorquer un autobus avec ses dents. Jean Baillargeon, l'aîné, comptait tellement de muscles dorsaux que, sous l'effort, quelques-uns éclataient et se transformaient en varices. J'avais comme témoin Jeanne Lapointe, le réputé professeur de lettres de Laval, qui m'accompagna à reculons au spectacle offert par la famille Baillargeon devant les fières gens de Saint-Damien et une délégation de religieuses enthousiastes, venues par permission spéciale de la mère supérieure. Qu'ils étaient beaux à voir sur la scène et comme ils nous rendaient orgueilleux d'être Canadiens français, ce papa tout maigre et cette maman très grande, entourés de leurs six colosses de fils, de leur fille, lesquels faisaient entre six pieds et six pieds et six, ce qui me fit écrire dans un récit exalté: «Qu'elle semblait fière cette maman en contemplant sa progéniture, dont l'addition formait un boudin humain de tout près de quarante pieds de longueur par quarante-huit pouces de circonférence aux poitrines, et pesant un total de près de 1500 livres de chair et de muscles!»

Je ne savais pas jusqu'à quel point mon admiration pour les frères Baillargeon faisait de la peine à Victor Delamarre, qui mesurait cinq pieds et six et pesait 160 livres. Il se plaignait de l'ingratitude de ses contemporains et ne se résignait pas à la pensée qu'il allait mourir méconnu sous les débris épars de ses records contestés.

Les six frères Baillargeon.

Je dus vouloir lui faire plaisir avant sa mort, puisque au cours de l'émission *Trois de Québec* de Radio-Canada, où je racontais des historiettes, j'inventai que Victor Delamarre avait écrit un livre intitulé *Je suis le roi de la force,* et qu'il avait été invité à un des «Jeudis artistiques» de Madame A.-A. Boivin, femme du quincaillier Boivin, qui aimait rassembler l'élite littéraire dans son salon de Québec, chaque jeudi. Ce cher Monsieur Boivin assistait à ces agapes de l'esprit en bâillant et en soupirant: «Moi je débraye.» Madame Boivin, poétesse à ses heures, descendait le large escalier où la traîne de sa robe de satin noir glissait mollement de marche en marche pendant qu'elle récitait son plus récent poème. Ce soir-là, Victor Delamarre, l'invité d'honneur, fut prié de prononcer une courte allocution sur sa carrière d'écrivain. En roulant les épaules, il se dirigea vers le piano. Madame Boivin espéra peut-être, se rappelant son émule Madame Verdurin de Marcel Proust, que Victor lui jouerait la *Sonate de Vinteuil.* Elle déchanta vite, car le roi de la force se précipita sous le piano à queue et le leva au bout de ses bras puissants devant ces dames pâmées.

Ni Victor, ni Madame Boivin ne prisèrent cette fantaisie.

L'oeil du cyclope

Dans une vie, il nous arrive de côtoyer des criminels sans qu'on s'en doute. Puis, quand ils sont démasqués, nous retournons en arrière et nous nous rappelons maints détails, maintes manies, un certain caractère qui marquaient déjà l'assassin en puissance.

Si j'ai connu à l'hôpital des gens de tout acabit, dont le plus célèbre était Victor Delamarre, l'homme fort du Québec, si sympathique, si simple et si bon, j'ai eu comme voisin de lit un homme à l'intelligence presque toute tournée vers le mal. La misère, l'infirmité dont il souffrait, le milieu sordide où il vivait nous empêchent de le condamner absolument, nous incitent à avoir d'abord pitié de lui.

On l'amena sur une civière et on le versa dans le lit voisin, dans lequel il s'écrasa en bougonnant. Les infirmiers avaient pour lui une nette aversion, car ce n'était pas son premier séjour de malade chronique dans cet hôpital. Il souffrait depuis plusieurs années d'une coxalgie (tuberculose de l'articulation de la hanche). Curieux, enclin à être sympa-

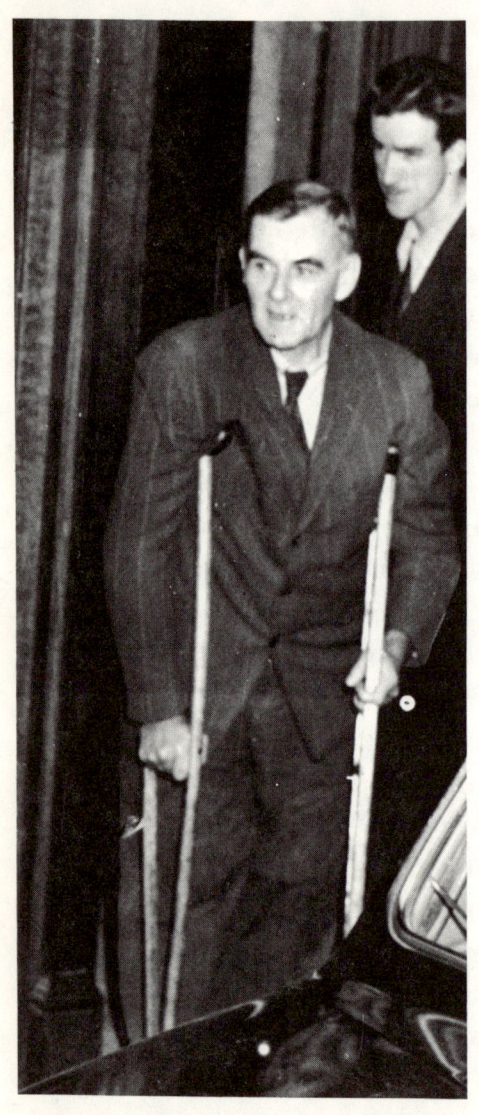

Généreux Ruest, l'horloger. Il fabriqua la bombe qui fit exploser l'avion à Sault-au-Cochon.

thique envers cet homme de quarante ans qui portait une si terrible plaie au côté, je voulus aider la garde-malade (à qui d'ailleurs j'écrivais des poèmes qui la faisaient rougir); l'éclopé me lança un verre vide à la tête. «Mêle-toi de tes affaires.» Chaque jour elle renouvelait ses pansements où entraient de généreuses portions d'éther, dont la forte odeur en faisait grimacer plusieurs.

Mon voisin avait des yeux comme des mèches de vilebrequin. Il parlait peu et sec, par une série de monosyllabes comme des bip bip de télégraphie que découpaient ses lèvres minces. Il portait presque constamment un microscope monoculaire qui lui donnait un masque de cyclope, et réparait à cœur de jour des montres sales que sa sœur lui apportait chaque après-midi en même temps qu'un treize onces de gin De Kuyper qu'il buvait par lampées entre deux montres réparées, le drap par-dessus la tête, car si on l'eût pris en flagrant délit, on l'eût chassé de l'hôpital. Ça lui était déjà arrivé. Quand je pense à lui et que je regarde la montre au quartz que j'ai au poignet, je me demande s'il eût pu s'adapter à cette révolution de l'horlogerie. J'en suis sûr, cet homme, si démuni et si éclopé fût-il, possédait toutes les ressources d'une grande intelligence.

Je devins son pire ennemi. Ah! qu'il me tombait sur les nerfs! Véritable magicien — ça m'émerveillait, me mystifiait, car je n'ai jamais rien compris à la mécanique — il avait installé un réseau de fils électriques reliant son réveille-matin à son appareil de radio, le faisant démarrer à sept heures du matin, un appareil de radio qui lançait aux quatre coins de la salle les gigues des violoneux qu'il accompagnait en pianotant sur son genou plié. J'aime la musique, mais à sept heures du matin, je venais à peine de me rendormir, furieux, parce que déjà réveillé la première fois une heure auparavant par la clochette de la religieuse qui précédait le prêtre administrant la sainte communion aux malades. Je ne pouvais pas, bien sûr, suggérer à la religieuse de faire communier le monde à des heures raisonnables, car à six heures elle avait l'air parfaitement réveillée, mais mon voisin, lui, reçut tous les éclats de ma fureur, parce que dormir, pour moi, est une sorte de cérémonie sacrée, inviolable, où je sombre comme une roche au fond d'un lac de rêves enchanteurs. Je pense que, sur mon lit de mort, j'attendrai d'avoir dormi neuf heures et de m'être voluptueusement étiré avant de rendre le dernier soupir.

«Je t'avertis, toi», me dit-il, me vrillant de son

œil de cyclope, comme si j'eusse été une montre irréparable, haïe, propre à être fracassée, «si t'es pas content, j'en connais qui vont te faire ton affaire. Penses-y bien, si tu tiens à ta peau.»

Mon instinct de conservation prit le dessus et j'écoutai avec lui et les autres, sans maugréer, les gigues des violoneux, tous les matins, à sept heures. Et je n'osai pas débrancher les fils, comme je l'en avais menacé. Des gens à face patibulaire le visitaient parfois. Des voleurs de bijoux, sans doute, qu'il recelait dans le tiroir de sa commode de patient. Je pris ma revanche et lui fis tourner un matin, à la station de radio CHRC, en demande spéciale d'un voisin d'hôpital pour Généreux Ruest, la *Gigue du pendu*.

On a comme ça des prémonitions. Plus tard, je devais retrouver cet individu dont la sœur visiteuse à l'hôpital s'appelait Marguerite Pitre. C'est lui qui fabriqua pour Albert Guay la bombe qui, le 9 septembre 1949, fit sauter l'avion DC3 à Sault-au-Cochon, faisant vingt-trois victimes. C'est sa sœur, Marguerite Pitre, qui l'apporta à l'aéroport en prétextant que c'était une statue. Elle fut aussi pendue, ainsi qu'Albert Guay, le bijoutier, ce qui rendit Noël Dorion, procureur de la Couronne au célèbre procès et futur ministre dans le gouvernement Diefenbaker, fort orgueilleux d'avoir réussi ce macabre «tour du chapeau».

Les incidents qui marquèrent mon séjour aux côtés de Généreux Ruest à l'hôpital firent que je fus sans doute le premier à soupçonner l'horloger criminel. Je vous dirai comment bientôt.

Généreux Ruest fut tiré du même lit d'hôpital quelques années plus tard, plusieurs mois après sa condamnation, et on le traîna à un étrange échafaud. On le fit asseoir sur une chaise, béquilles tombées, et on le coiffa de la cagoule. La trappe était sous la chaise.

Albert Guay,
l'homme d'affaires

Il arrive souvent que des individus plus curieux que d'autres sautent par-dessus le mur du milieu de leur enfance pour découvrir le monde étranger, y grimper des côtes où apparaissent au sommet des horizons nouveaux, des triomphes ou d'amères déceptions. Comme pour les assassins dont on dit qu'ils retournent sur les lieux du crime, ils éprouvent parfois le besoin de se replonger dans la paroisse natale, un jour, avec l'espérance peut-être de retrouver leur fraîcheur première, de revoir les anciens copains, de les épater, d'examiner avec d'autres yeux les rues familières ou les restaurants du coin où l'on a été heureux.

Par une soirée chaude de fin d'août 1949, je descendis dans la paroisse Saint-Joseph, avec l'intention de m'acheter un de ces extraordinaires cornets de crème glacée trois essences au restaurant de *Bertha*, devenue célèbre dans tout Québec pour la générosité et la dextérité qu'elle mettait à remplir, pour dix sous, avec une grande cuillère à soupe, ses fameux cornets. Quand ses fournisseurs, harcelés par les compétiteurs, lui imposèrent la cuillère conventionnelle de la compagnie, elle fit une dépression nerveuse et c'est comme une automate que, désormais, elle déposait ces minables petites boules de crème glacée dans les cornets devenus trop grands. La clientèle baissant, elle découvrit l'art d'empiler en pyramide les boules multicolores. Je suggère au ministre des Affaires culturelles, qui s'intéresse tellement à notre patrimoine, de récupérer la cuillère à soupe de Bertha pour le Musée de Québec.

Récemment, j'emmenai chez Bertha Jean d'Ormesson, auteur de *Au plaisir de Dieu,* soudain pris d'une fringale de crème glacée, et Bertha, en l'honneur de l'Académie française, dont Jean d'Ormesson est membre, se servit de l'historique cuillère pour lui composer un cornet du bon vieux temps.

Donc ce soir-là, j'arrive chez Bertha. «Si c'est pas mon petit garçon», s'écria-t-elle. «Un trois couleurs, comme dans le temps, au chocolat, à la vanille et aux noix?» «Comme tu voudras», lui dis-je, écoutant et reconnaissant les voix qui arrivaient de l'arrière-boutique. Elle m'avait fait un clin d'œil, et après avoir vérifié que des espions des compétiteurs ne rôdaient pas autour, elle me prépara un cornet royal avec la cuillère à soupe. «Ben oui, dit-elle, ils sont tous là, comme avant, comme toujours. Ils sont restés, eux autres.» Cornet en main, je me rendis à l'arrière et personne n'eut d'exclamation de surprise, comme si j'eusse été là la veille. Je pourrais, sur chacun d'eux, écrire une belle histoire, tant les gens dont on dit qu'ils n'en ont pas, en cachent souvent une magnifique. Je jetai un coup d'œil au vieil appareil radio qui nous permettait, durant les années de crise, d'écouter, adolescents nostalgiques, Paulette Mauve chantant *Mon légionnaire,* accompagnée de Léo Lesieur. Toujours le même groupe qui jouait aux cartes au fond du réduit, debout devant une grande plaque de tôle assise sur un amas de poches de patates. Un cri: «Pour toi, la dame de pique, mon Albert!»

C'était Albert Guay, le bijoutier qui allait être pendu l'année suivante pour le meurtre de sa femme et de vingt-deux personnes. Boudeur, la cigarette tordue entre ses lèvres minces, il lança les cartes sur la plaque de tôle, puis se tourna vers moi. Assez grand, mince, plutôt beau garçon, vêtu élégamment, je le retrouvais tel que je l'avais vu la première fois, une dizaine d'années auparavant, alors qu'avec le frère Marie-Victorin, il m'avait invité à ses noces. Un an après son mariage, j'avais donné un «pouce» à sa femme Rita, légèrement rondelette mais fort belle, avec ses yeux d'Andalouse et son teint mat. En somme, elle était très sympathique et fort aguichante.

Il était assis sur le perron quand je la déposai à sa porte. En hochant la tête, il m'avait dit, après un silence: «J'aime pas ça. Attention à toi. Ces promenades en auto, ça finit toujours mal.» Pour un temps, il fut un exemple pour toute la paroisse. Il se promenait avec le curé autour de l'église, le soir, en se plaignant de la décadence des mœurs. Comme Albert était à peu près le seul à posséder une auto, il se levait la nuit pour reconduire à l'hôpital quelque femme sur le point d'accoucher. Il croyait avoir du talent pour tout. Un jour, il s'acheta une salopette de mécanicien, des outils, et démonta son moteur d'auto, dont toutes les pièces étaient alignées sur l'arrière-galerie. Il ne sut pas le remonter et ce sont des amis mécaniciens qui le tirèrent d'embarras. Comment pouvait-il réparer des montres? J'allais l'apprendre bientôt. Albert, pendant ces quelques années où il était devenu courtier en bijoux divers, puis horloger, avait connu quelques déboires. Deux ou trois incendies avaient détruit son atelier, mais il était heureusement assuré. Puis, enfin, il avait maintenant pignon sur rue,

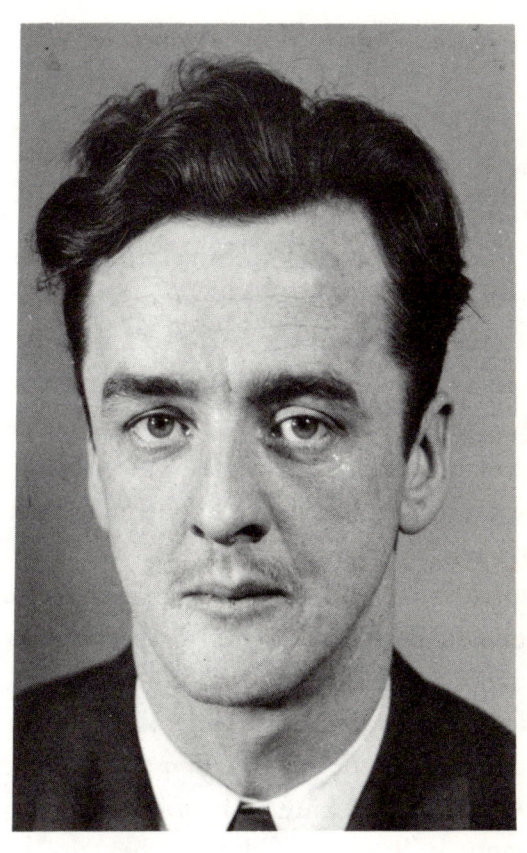

Albert Guay.

devant l'église Saint-Joseph. Il était devenu prospère au point d'être l'un des premiers commanditaires de Saint-Georges Côté, animateur à CKCV radio. Par contre, au foyer, ça n'allait pas bien. Les mauvaises langues racontaient qu'il avait suggéré à un chauffeur de taxi d'empoisonner sa femme avec du vin de cerises aromatisé d'arsenic.

Alors, Albert Guay me dit: «Tes affaires vont bien, à ce que je sais? Un jour, c'est sûr, tu seras ministre! Moi aussi, la «business» marche à mort. Je suis en train de couvrir la province avec mon réseau de bijouteries. Les banques se chicanent pour avoir mon compte. Je ne suis plus le petit niaiseux qui perdait son temps à l'arsenal. Tu vas entendre parler de moi.» Les deux pieds en dedans, agitant des pièces de monnaie dans ses poches, la tête secouée d'un tic nerveux entretenu par une préoccupation profonde, il m'apparaissait tel un mégalomane qui eût pu rêver d'acheter le pont de Québec pour le revendre à profit deux jours après sans avoir déboursé un sou. Il ajouta: «Roger, j'ai toujours préféré ton nom au mien; j'aurais aimé être chef d'orchestre de danse, comme par exemple Roger Angers, du Château Frontenac.» Je remontais ma montre Roamer, achetée chez un Juif, rue Saint-Joseph. Le remontoir se détacha. «Viens à la bijouterie, je vais te l'arranger.»

Nous traversâmes la rue. Me serais-je douté que, quinze jours après, mon compagnon ferait sauter un avion! «Mais t'as jamais su réparer une montre de ta vie, Albert?» «Entendu, mais je suis un homme d'affaires, j'ai des employés.» Il tira un rideau derrière lequel, sous une lampe, monocle à l'œil, s'affairait un homme couché sur une civière. Je poussai une exclamation. «Généreux Ruest! Qu'est-ce que tu fais ici? Est-ce que tu connectes toujours ton réveille-matin par des fils à ta radio? Ecoutes-tu toujours la *Gigue du pendu*?» Il me jeta un regard oblique, inquiet. «Comment aimes-tu mon *set-up*?» dit Albert Guay, comme pour changer de sujet.

L'odeur de la dynamite

Le jeudi 8 septembre 1949, après souper, je reçus la visite d'un de mes amis, beau garçon toujours à l'affût d'une quelconque aventure sentimentale, qui me fit un emprunt inusité. Il avait besoin de ma Pontiac bleue pour la soirée, sous prétexte qu'il avait promis à Rita Morel, la jolie brunette, femme d'Albert Guay, d'aller la reconduire chez un avocat. Elle en avait assez de la liaison de son mari avec la serveuse de restaurant Marie-Ange, et elle désirait le divorce.

Il partit dans ma voiture, mais revint une heure après en me rapportant les clés. Il avait l'air dépité. Rita Guay, qui voulait sauvegarder son mariage, avait changé d'idée, s'était réconciliée avec Albert et avait même accepté d'aller livrer pour lui des bijoux à Baie-Comeau, le lendemain. «Tant mieux, dis-je. C'est une bonne petite femme, mais elle est mariée à un drôle de numéro.»

Le jour suivant, ce 9 septembre que je n'oublierai jamais, en route pour le bureau, je roulais doucement dans la Grande-Allée sous un beau soleil. Jeune, le cœur en fête, heureux de mon métier d'écrivain, j'éprouvais le besoin d'écouter de la musique semi-classique. Tout à coup, le disc-jockey intervint pour livrer, haletant, un bulletin spécial. Un avion DC3, de CP Airlines, parti de Québec pour Sept-Iles, s'était écrasé à Sault-au-Cochon, entre Québec et Baie-Saint-Paul; on comptait vingt-trois victimes, dont la femme du bijoutier Albert Guay. On commençait rapidement l'enquête, car des débris montait une forte odeur de dynamite.

J'étais médusé. Un tel afflux de souvenirs m'assaillait, se déroulant dans une ronde folle! L'hôpital, Généreux Ruest, son monocle, les fils reliant le réveille-matin à l'appareil radio, la *Gigue du pendu,* ses relations d'employé à patron avec Albert Guay, ma montre Roamer qu'il avait réparée quinze jours avant, le caractère étrange d'Albert Guay, ses rêves de grandeur, sa mégalomanie naïve, son irresponsabilité absolue, la sœur de Généreux, Marguerite Pitre, qui lui apportait des colis à l'hôpital dix ans auparavant, et l'aigreur chronique de Généreux Ruest (peut-être osa-t-il faire la cour à Rita qui l'avait envoyé promener), l'emprunt inutile de ma Pontiac par mon ami la veille, cette rumeur qui avait couru dans mon quartier quant à la proposition d'Albert à un chauffeur de taxi d'empoisonner sa femme avec du vin de cerises mêlé d'arsenic. Tout cela me bouleversait.

Je rangeai ma voiture le long d'un trottoir. J'étais survolté. C'est ça, Albert avait machiné le crime, mais c'est Généreux Ruest qui avait fabriqué la bombe, puisqu'il était expert en horlogerie, qu'il pouvait faire démarrer un appareil de radio à partir d'un réveille-matin. J'arrêtai au salon de coiffure du Château Frontenac, par besoin de voir des gens, de leur dire l'intensité de mes soupçons. Et pourtant, mais non, ça ne se pouvait pas, un tel crime par des gens que je connaissais, des gens de mon quartier!

Je tombe pile sur Antoine Rivard, ministre sous Duplessis et à l'époque Procureur général de la Province. Comme un gamin essoufflé, illuminé, je lui raconte le crime, comment il s'était déroulé, et pour quelle raison. De son œil moqueur, de sa voix amicale, il me fit comprendre qu'il était dangereux pour un romancier d'espérer se transformer du jour au lendemain en Commissaire Maigret.

Je me précipitai à mon bureau du 71, Saint-Pierre, appelai Otto Fuerbringer de *Time* à New York, et lui fit le même récit. Il en avait déjà vu d'autres et me fit comprendre que s'il aimait ma copie colorée, aux images surprenantes, il préférait attendre les résultats de l'enquête et des recherches de la police. Il me conseilla même de me méfier de mes intuitions. L'enthousiasme de mon imagination déchaînée ce jour-là ne lui disait rien de bon. Etais-je dans les patates? «Ecoutez, Otto, lui dis-je, je vous prouverai le contraire. En attendant, j'irai aux funérailles, et quand Albert sera arrêté, je serai le journaliste le plus informé du monde sur toute l'affaire.» Je raccrochai.

Chaque vendredi après-midi, je recevais à mon bureau la visite d'un journaliste du journal *Le Canada,* Edmond Chassé, qui était d'une race de reporters aujourd'hui malheureusement éteinte. Cheveux blancs, portant canne, le teint rose, civilisé jusqu'au bout des ongles, il avait comme journaliste une réputation légendaire. C'était un grand monsieur, connu de tout Québec. Tous les chauffeurs de taxi le connaissaient, car il ne se déplaçait qu'en taxi, même pour se rendre à la clinique chaque dimanche, où fidèlement il allait visiter sa femme malade depuis plusieurs années.

Il possédait une érudition remarquable, une incroyable mémoire des faits. C'était un reporter-étoile, à la curiosité insatiable. J'avais souvent besoin de ses conseils, de ses connaissances, pour fournir parfois des reportages valables.

Il était mon homme. Allait-il, lui aussi, se moquer de moi? Il écouta passionnément, me fit répéter tous les aspects de mes rencontres avec Généreux Ruest, Marguerite Pitre et Albert Guay. Il me croyait, partageait mes doutes, je lui avais communiqué ma frénésie, car je le voyais malmener sa canne, posée sur un nœud du plancher. C'était un vrai reporter. Il partit en chasse, en taxi, choisissant les chauffeurs qui venaient du quartier où vivait Généreux Ruest.

Quelques jours après, sous sa signature, paraissait dans *Le Canada,* une nouvelle extraordinaire. Un chauffeur de taxi prétendait avoir conduit à l'avion, le matin de l'explosion, une femme qui portait un colis fragile, une statue (cette statue était une bombe). Le compte à rebours commençait pour le sinistre trio.

En attendant, je me mis de mon côté en chasse d'autres aspects qui m'assureraient une documentation étincelante au grand jour de la vérité. J'irais aux funérailles de la femme d'Albert Guay.

Car je sentais obscurément que de mystérieux fils relient les hommes aux événements, d'une façon encore plus complexe que ceux qui relient un réveille-matin à un appareil de radio, et que devant ce réseau inextricable des multiples vérités, les criminels les plus futés nous apparaissent tout à fait simplistes.

De ton Albert adoré

Quand quelqu'un de la paroisse mourait, à l'époque, presque toute la communauté se rendait au salon mortuaire offrir ses condoléances aux parents. C'était un rite important. Mais dans le cas d'une tragédie comme celle dans laquelle était morte la belle Rita Morel, femme d'Albert Guay, dont on parlait dans tous les journaux, dont la police s'occupait, ce fut une ruée curieuse. Si, de l'extérieur, on cherchait le criminel, ceux qui, dans la paroisse, connaissaient Albert Guay, l'avaient à l'œil, étaient sûrs de sa culpabilité. On ne connaissait pas Généreux Ruest, un infirme de la paroisse Saint-Roch. Aussi s'empressait-on de se rendre au salon mortuaire, pour voir comment se comporte un veuf qui a tué sa femme, et qui ne se doute pas qu'un grand nombre de gens le soupçonnent. C'était bien le cas d'Albert qui, même en son for intérieur, ne se sentait pas directement coupable, puisque lors de la tragédie il n'était pas présent sur le lieu du crime et qu'il n'avait pas lui-même fabriqué la bombe, qu'il ne l'avait même pas transportée à l'avion.

C'est par une sorte de privilège de mari informé à l'avance, qu'il s'était rendu sur la Terrasse Dufferin, histoire de voir sauter l'avion, de loin, comme ça, en se mettant la main devant les yeux, pour percer l'horizon, car Sault-au-Cochon, c'est assez loin de Québec. Il était le genre de type pour qui déléguer ses pouvoirs signifie le déchargement absolu de ses responsabilités sur ses commettants.

C'est donc en badaud curieux, l'œil très ouvert, que je me rendis au salon mortuaire où reposait le corps de Rita Morel et de quelques autres, dont les membres de la famille X. Monsieur X avait perdu sa jeune femme et son enfant. Il lui restait un petit garçon qui ne le quittait pas d'une semelle, qui pleurait constamment en caressant le cercueil fermé sur le corps déchiqueté de sa mère.

J'étais accompagné de l'ami qui m'avait emprunté ma voiture Pontiac bleue la veille de la tragédie. «Ah! qu'elle aurait donc dû se rendre chez l'avocat ce soir-là, qu'elle aurait donc dû divorcer», soupirait-il.

Le salon était bondé. Albert Guay, en complet sombre, serrait les mains des visiteurs avec un air d'homme d'affaires américain. Le pied léger, il se transportait d'un groupe à l'autre avec l'agilité aimable et attentive d'un agent de relations publiques.

M'apercevant, il accourut, la main tendue. «Ah! C'est dans l'épreuve qu'on reconnaît ses vrais amis! Je prends note de tous ceux qui viennent; j'ai la mémoire longue. Y a seulement le curé Laroche qui ne s'est pas montré. Je lui pardonne pas. Rita qui était si fine pour lui, qui lui faisait du sucre à la crème. C'est pas drôle, perdre une jeune femme dans la force de l'âge. Elle était si gaie quand elle est partie, le matin. Par contre, je reçois des beaux témoignages de partout. Des clients de Sept-Iles, de Baie-Comeau sont venus. Puis des Chevaliers de Colomb quatrième degré. J'ai hâte de voir combien y aura de gens aux funérailles. Je vais faire prendre la liste par l'entrepreneur. Mais c'est pas drôle quand même. Les autres passagers, c'est moins grave. C'étaient des Américains. Mais... y avait le pilote, un si bon gars.» Et une distraction dans le regard, il murmura: «Cette histoire de dynamite, j'ai hâte de voir si c'est vrai. Si c'est un crime, le criminel aura affaire à moi. Et dire que si l'avion était parti cinq minutes plus tôt, il tombait à l'eau, dans le fleuve. Aucune odeur, personne n'aurait jamais rien su. Mais, tu sais, y a un bon Dieu.»

Mes doutes s'estompaient. Comment cet homme, s'il était coupable, pouvait-il réagir ainsi? Comment, peu après les funérailles, pourrait-il

Rita Morel.

courir chez Marguerite Pitre, la sœur de Généreux Ruest, qui transporta la bombe et qui, à la minute où la tragédie fut connue à la radio, se mit à courir, épouvantée, dans son logis miteux en criant: «Si c'est pas épouvantable, quel carnage, vingt-trois personnes!». Chez Marguerite Pitre où il rencontra

Marie-Ange Robitaille, sa maîtresse, et voulut s'enfermer avec elle dans une chambre en lui demandant de l'embrasser pour le consoler d'avoir vu descendre le cercueil de son épouse dans le trou béant. C'est le cœur brisé qu'il avait jeté la première poignée de terre sur la tombe. Pareille cruauté, pareille inconscience, pareille irresponsabilité maladive soulignent un cas exceptionnel de dédoublement de la personnalité qu'un psychiatre aurait eu intérêt à analyser.

Avait-il décidé de tuer son épouse, le jour où, fréquentant Marie-Ange chez ses parents, sous le nom de Roger Angers, le chef d'orchestre, il lui avait, devant ses parents enchantés, offert une bague de fiançailles plaquée or 14 carats, comme tout bon jeune homme se devait de faire à l'époque, et que son épouse avait fait irruption dans le salon en dénonçant son Albert assommé de surprise, assassinant ainsi le destin nouveau qu'il essayait de s'inventer?

Il courait toujours d'un groupe à l'autre. Des représentants des Chevaliers de Colomb, dont il faisait partie, et dont il vantait souvent la mystérieuse cérémonie d'initiation sans dévoiler quelque détail que ce fût, entrèrent et se dirigèrent vers lui. Un prêtre les accompagnait.

«Ah! mon Père, merci d'être venu. A genoux, tout le monde. Monsieur l'abbé va réciter cinq dizaines de chapelet.» Pris au piège, les gens s'exécutèrent, les uns pensant à la police d'assurance de $10 000 qu'Albert détenait sur la vie de sa femme, des différentes sommes qu'il avait reçues des assureurs quand sa bijouterie souffrait d'incendie, d'autres cherchant de l'œil des détectives en civil chez les visiteurs accroupis, fesses sur les talons, et bougonnant, les autres pestant contre ce maniaque qui les forçait à se mettre à genoux pendant vingt minutes, sans appui, juste après un souper aux tourtières.

Tout à coup, à la deuxième dizaine, il fut le premier à se lever. Il tendait l'oreille. «Excusez-moi, j'entends Monsieur X qui pleure à l'étage au-dessus. Pauvre lui! Je vais aller le consoler.»

Avant de partir, je jetai un dernier coup d'œil vers la tombe de Rita Morel, qui était si belle avec ses yeux d'Andalouse et sa chevelure aux reflets de geai. Sur le flanc du cercueil s'étalait une plaque de métal où l'on pouvait lire: «**De ton Albert adoré**».

Un gros homme, ton père

La corde commença de s'enrouler autour du cou mince d'Albert Guay quelques jours après les funérailles de sa femme. Sous la signature d'Edmond Chassé, paraissait dans *Le Canada* l'histoire du chauffeur de taxi qui avait conduit à l'aéroport, le jour de l'écrasement, une femme portant une longue boîte, comme un cercueil d'enfant, dont elle disait qu'elle contenait une statue. On n'avait encore arrêté personne. Passionné par cette aventure et désireux de voir mes intuitions justifiées, je me rendis à nouveau dans la paroisse Saint-Joseph, le dimanche matin, après la grand-messe, dans l'espérance d'y rencontrer Albert pendant qu'il était encore temps. Sa bijouterie, où il demeurait, était située juste en face de l'église.

En effet, il se tenait au coin de la rue Franklin, près du restaurant *Chez Bertha*, qui lui avait monté un chef-d'œuvre de cornet de crème glacée trois essences. Ses coups de langue erratiques ne profitaient pas des exquises saveurs. En fait, il pensait à autre chose, paraissait même soucieux. Peut-être se préparait-il à aller trouver Mme Pitre, qu'il subjuguait; elle le considérait comme un Arsène Lupin dieu, et l'aimait sans doute avec le dévouement d'une femme sans charme et ignorée. En fait, il se rendit chez elle peu après, portant le journal *Le Canada*. Il fallait qu'elle meure pour la bonne cause, pour lui, avant d'être questionnée. Il lui fournit donc les pilules mortelles. Le destin voulut qu'elle meure pendue et non empoisonnée. Découverte à temps, elle fut transportée à l'hôpital, où la police cueillit ses aveux et les détails sordides de cette horrible histoire.

Ah! s'il eût su que j'avais participé à déclencher l'enquête d'Edmond Chassé! Il m'eût sans doute accusé de manquer de solidarité envers un gars de la paroisse. Ce matin-là, Albert était entouré de quelques ouvriers endimanchés, sortis de la messe avant la fin. Parmi eux se trouvait son imprimeur, Jos, qui demeurait tout près, à côté de sa petite imprimerie. Il fournissait la papeterie nécessaire au commerce d'Albert. C'est lui qui avait produit les cartes mortuaires avec la photo de Rita surplombant une belle prière choisie par Albert dans un catalogue. C'est lui qui avait fourni aussi les cartes de remerciements pour tous ceux qui étaient venus au salon mortuaire et aux funérailles. Donc, il dit à Albert: «T'as pas l'air dans ton assiette, à midi, Ti-Bert?» «Ben», dit Albert, les yeux perdus et léchant sa crème glacée, «quand t'as pus de femme, t'es un peu perdu. Tu sais même pas où aller dîner. Chez maman, c'est loin.» Un client, c'est un client. Et Albert était un important client de Jos. Celui-ci, un blond débonnaire, plutôt grand et très gras, lui dit: «Ma femme a préparé un bon rôti de porc. Viens manger avec nous autres.» «Avec des patates brunes?» dit Albert. Jos acquiesça et ils partirent tous les deux. Peu après, Jos me raconta le déroulement du repas.

En entrant dans la maison, Jos avertit sa femme d'une voix forte: «Albert vient manger du rôti de porc avec nous autres. Il veut des patates brunes.» Ils demeurèrent tous les deux dans le petit salon pendant un temps et Albert en profita pour vérifier les additions des factures d'imprimerie qu'il avait accumulées depuis quelque temps. «C'est ben cher!» dit-il, en soulignant la facture des cartes mortuaires où apparaissait la photo de Rita. «Tu m'avais dit: «Mets-y le paquet, le plus beau carton, tout et tout.» «Ouais, c'est vrai, pauvre petite, elle méritait bien cela.»

Ils passèrent à table et Albert, presque silencieux, avala deux portions de rôti de porc et quatre patates brunes, le tout arrosé du ketchup aux tomates vertes de Madame Jos. Il se leva, dit merci et traversa à nouveau au salon, suivi de l'imprimeur, un peu désemparé par le silence torturé d'Albert, à qui il dit: «Je te comprends, t'as encore les funérailles dans la tête. Et du rôti de porc, ça bourre. Je vais te montrer quelque chose qui va t'intéresser.» Il grimpa un escabeau, tendit la main dans le haut de la garde-robe, là où l'on dépose les chapeaux, et en revint avec un grand album noir. Il s'assit aux côtés d'Albert en disant: «Ça, c'est l'album des funérailles de mon père. Il était si gros, 350 livres, qu'on a été obligé de le déposer dans un cercueil de drap. C'est la première photo, regarde.» Albert l'examina une longue minute. Ensuite venait la photo de la sortie du corps de la maison, celle du corbillard, celle du défilé, celle où les parents pleuraient, celle où l'on descendait le corps dans la fosse. «Pis, qu'est-ce que t'en penses?» demanda Jos. Albert revint à la première photo, l'examina encore longuement, pour conclure: «Ouais, c'était un gros homme ton père.» C'est ainsi que se termina le dernier grand repas d'Albert. Il allait être arrêté quelques jours plus tard.

Madame Jos en garda un vif souvenir, car les policiers, dans la semaine qui suivit, visitèrent l'imprimerie. Au mur, près de la porte, pendait un calendrier de Saint-Joseph, valeur cinquante cents, à cause des gros chiffres, car c'était surtout les gens vieillissants, au regard presbyte, qui appréciaient ce calendrier. Le numéro 9 du mois de septembre, jour de l'écrasement, était estampillé d'une croix rouge. «Qu'est-ce que ça veut dire?» claqua le policier en vissant son œil dans celui de madame. Celle-ci, qui craignait d'avoir une nombreuse famille et qui prenait les moyens permis par l'Eglise pour se protéger, devint rouge comme une pivoine et dit en bredouillant à Jos: «Jos, explique-lui donc.» Et elle tourna les talons.

Quant à moi, je devais revoir Albert pour la dernière fois au Palais de Justice. Un hasard incroyable voulut que je fusse appelé comme juré. Evidemment, j'avais un préjugé et je fus rejeté. En passant près du box où se tenait Albert flanqué de deux policiers, il me dit: «Allô! Tu sais qu'ils vont me le payer, hein! Pense à tout l'argent qu'ils me font perdre, à mon commerce qui va tomber. Aïe! tu pourrais pas me faire envoyer par la femme de Jos son album, pas l'album mortuaire avec son maudit gros père mort, mais son album de chansons françaises qu'elle a copiées à la main? La prison, c'est platte, au moins, je pourrais chanter. Et dis-lui de ne pas oublier *La Chapelle au clair de lune,* par Jean Lalonde. Oublie pas, pense à moi.»

J'y pense depuis trente ans.

Le 33

Les chiffres m'ont toujours fasciné, moins par leurs implacables et infinies voltiges que par les symboles divers qu'ils font défiler devant mes yeux, que par les interrogations farfelues qu'ils me font me poser. Cet intérêt exagéré que je leur porte a sans doute trompé les divers orienteurs qui, au début de ma vie, m'ont accablé d'une carrière de mathématicien. Jamais ils n'ont décelé l'orientation littéraire pour laquelle j'ai presque exclusivement vécu.

 Par exemple, je surprends souvent les autres en leur demandant à brûle-pourpoint quel est le chiffre qui les impressionne le plus; c'est le 4, le 7, le 19 et le 22 qui reviennent le plus souvent. Ce sont les nombres impairs qui dominent largement, dans la même proportion où les droitiers sont plus nombreux que les gauchers. Pourquoi tant de gens sont-ils attirés vers le mode impair?

 Mon chiffre à moi, c'est le 33. Depuis toujours, je le sens vibrer partout en moi. Est-ce parce que, enfant, le récit de la mort de Notre-Seigneur à

33 ans m'avait tellement bouleversé, ou encore parce que plus tard, à l'occasion d'une pneumonie le médecin m'auscultait en martelant de son majeur les deux doigts de sa main gauche appuyés sur mon thorax, en me faisant répéter 33, 33, 33? Quel chiffre qui, depuis ce temps résonne en moi, comme le «la» pour le musicien, chiffre large, gras, dont le dessin même donne lieu à diverses images, comme celle d'une paire de menottes ouvertes, gueules avides prêtes à se refermer sur le destin pour l'emprisonner, l'asservir et le diriger à sa guise! Il m'est arrivé, dans la cathédrale Notre-Dame de Paris, d'éprouver un besoin physique insensé de le crier avec toute la force de mes poumons pour l'entendre s'amplifier comme le plus puissant accord des grandes orgues. Mais c'est au barrage LG-2 à la baie James que je me suis contenté, dans la cathédrale creusée en plein granit, vingt fois plus vaste que Notre-Dame, où mon hurlement 33 a trouvé un écho terrifiant, merveilleux, de turbine en turbine, comme pour annoncer l'arrivée prochaine des torrents de La Grande.

C'est peut-être pour ces raisons que, devant le tapis vert des tables de roulette, je jouais si souvent le 33 en plein. Car il fut une époque de ma vie où, chaque printemps, je partais, presque toujours seul, pour Cannes. Là, pendant trois nuits, je me débarrassais d'une fringale annuelle où j'espérais me venger des contretemps du train-train quotidien, si fertile en lentes déceptions de petit acabit. Que de belles soirées j'ai gaspillées devant le tapis vert, quand j'aurais pu admirer la Méditerranée aux côtés de ma femme, de bons amis, et respirer avec eux l'air embaumé par les fleurs de Grasse!

Une seule de ces soirées ne fut pas perdue. La voici. En route vers le Casino municipal, je longeais la Croisette où d'innombrables et luxueux yachts de plaisance étaient amarrés, battant presque tous pavillon panaméen (pour éviter certaines taxes). Des marins astiquaient les cuivres, ciraient les ponts sur les uns; sur d'autres ponts de bateaux, si rutilants et si propres qu'on imaginait avec peine qu'ils eussent déjà pris la mer, des gens attifés de blanc comme cela se voit au cinéma, sirotaient un pastis autour d'une table en acajou en regardant devant eux. De ces luxueuses lamproies accrochées au quai montait un ennui profond. Ce balconville nautique ne me donnait aucune envie d'être riche à ce point; le seul secteur où un peu de vie semblait régner comptait le luxueux navire de la Môme Moineau, célèbre étoile des music-halls parisiens qui avait épousé un riche Sud-Américain, devenu multimillionnaire par ses plantations de café. Veuve et plutôt âgée, elle faisait joyeuse vie à Cannes, à la tête d'un essaim de jeunes éphèbes en collants qui la traitaient comme une reine des abeilles.

Le casino était bondé. Me frayant un passage à travers les joueurs debout qui ceinturaient la table, je réussis à m'asseoir à l'extrémité, près de mon numéro 33. J'essaie quelques tours, fidèle à mon chiffre. Soudain, en déposant ma mise, une main de femme, richement baguée, s'appuie avec douceur, insistance, par-dessus la mienne et choisit aussi le 33. Je n'osais me retourner. Après quelques tirages où le manège s'était répété, je tourne la tête et aperçois une femme de trente-cinq ans environ, ni laide ni jolie, qui me sourit timidement. Je continue. Cette fois, au-dessus du numéro magique, la main insiste longuement sur la mienne et j'aperçois, debout à l'autre extrémité de la table, un vieux monsieur qui acquiesce en souriant, comme pour m'encourager.

Je quittai bientôt le casino, ayant perdu, mais hanté par cet incident. J'entends trottiner derrière moi. Le vieux monsieur et la dame aux bagues me rejoignent. Ils m'invitent à prendre un *night cap* dans leur yacht accroché au quai. C'étaient des

Américains. On s'installe sur le pont. Et voici qu'on me fait une proposition inimaginable.

Il s'appelait Bill, avait soixante-dix-sept ans. C'était un homme simple qui, prospecteur, avait fait fortune dans les puits de pétrole du Texas. Laissons-le parler. «Pendant des années, j'ai trimé dur. Je ne trouvais rien, mais j'étais sûr de réussir un jour. Tout près du secteur de mes recherches se trouvait un snack-bar où j'allais quelquefois déguster un Coca-Cola, dévorer un *hot-dog* en fin de journée. Si je n'ai jamais perdu l'espérance, c'est en partie à cause de la serveuse du snack-bar qui, dans les pires moments, m'a toujours soutenu le moral. Il y a trois ans, j'ai gagné et j'ai épousé cette jeune fille. Je vous présente Dolly.» Elle souriait doucement, parlait à peine. Et soudain, me regardant fixement avec une détermination de prospecteur, il abattit son jeu. «Je suis vieux, avec tout ce que ça veut dire, et je veux la rendre heureuse. Vous lui plaisez beaucoup... Vous avez l'air honnête et sympathique. Que diriez-vous d'une croisière de quelques jours, vers la Corse, la Sicile?» Elle accrochait sur moi un regard suppliant.

Quand même! Je bredouillais. «Je suis marié, j'ai des enfants. J'aime ma femme. Vous êtes bien aimable, mais..." Il était comme soulagé. Elle était triste comme une Enfant de Marie empêchée de se marier en blanc par quelque accident de parcours.

Il soupira: «C'est sa fête aujourd'hui. Elle a trente-trois ans.»

Tout avoir,
ne rien posséder

Que n'y avais-je pensé avant! C'est là qu'est le bonheur, c'est là qu'est la liberté! Tout avoir, ne rien posséder. C'était ça, le Paradis terrestre pour Adam et Eve! Et dire que j'ai pris soixante et un ans à m'en rendre compte! J'y songe d'une façon aiguë aujourd'hui, car elle arrive la douloureuse semaine du 30 avril, journée des impôts, journée où l'on doit rendre compte à l'Etat de nos revenus, de nos gains, de nos pertes, journée où l'on emprunte pour faire des chèques au Receveur général du Canada et au ministre du Revenu. Ceux qui doivent à ces monstres insatiables sont beaucoup plus nombreux que ceux qui en attendent un remboursement. Tout cela parce qu'au fil des années on a acheté de plus en plus de choses dont on avait rêvé durant sa jeunesse, et que leur accumulation nous étouffe en fonction directe des contentements qu'on en avait espérés.

Mon père me l'avait bien dit: «Pourquoi travailles-tu si fort pour gagner de plus en plus d'argent? N'oublie jamais qu'on ne met qu'un pantalon à la fois, qu'on ne porte à sa bouche qu'une cuillerée de soupe à la fois. Hein?» Ma foi, il avait raison. Pourquoi tant se torturer les méninges pour en arriver à devenir comme une araignée prisonnière au centre de sa toile de plus en plus inextricable? Et du passé monte la chanson *Ma cabane au Canada* interprétée par Armand Mestral, dont on disait à l'époque que j'étais son sosie.

On me raconte que tout va mal, que l'avenir est sans issue, qu'on va crever de faim, qu'on n'aura plus de pétrole pour le chauffage, pour nos automobiles, on me prédit en somme que nous entrons dans le processus d'une lente fin du monde. Aïe! Je ne veux pas, j'aime trop la vie! Je ferme les yeux, je recommence à neuf, tout nu, plein de trucs, dans un enthousiasme de survivant invétéré. D'abord je m'installe dans un chalet de pêche abandonné au bord d'une rivière, car depuis la disparition des braconniers, invités au saccage de nos territoires de pêche par le gouvernement, il n'y a presque plus de poissons dans nos lacs et nos rivières, et nos bois sont déserts. Les poissons qui restent, je les attraperai car, enfant pauvre, j'ai appris à prendre les truites les plus sauvages là où elles étaient. Le chauffage? Il y a tout plein d'arbres autour. Mon frigo?

Je me taillerai des blocs de glace le moment venu. L'éclairage? La chandelle, le feu de cheminée. Je me coucherai plus à bonne heure, c'est excellent pour la santé. Le transport? J'ai mes raquettes, mes skis, et une bicyclette cachée dans un bosquet, sous une bâche, le long de la route. Je n'ai pas besoin de lait; il fait augmenter le niveau de cholestérol. Le sucre? J'entaille quelques érables le printemps et ma provision est assurée pour l'année. Dans ma glacière j'entasserai truites, lièvres, perdrix, gélinottes et menus gibiers. Je me frotte les mains. Viennent les mois d'été avec leur gamme de fruitages et de légumes. Fin mai, je composerai des salades à l'oseille et aux pissenlits, le tout assaisonné de sauces que j'inventerai à partir des différentes huiles qui existent dans nos plantes. La fin de juin m'offrira les petites fraises des bois, les framboises sauvages, les mûres, les *petites poires,* les bleuets, les *cerises à grappes* avec lesquelles je me ferai du vin, les noisettes, les *fênes,* les glands, les noix, avec lesquels je boulangerai des gâteaux qui durent tout l'hiver grâce à la recette de mon père. Je me préparerai une petite provision d'alcool avec des patates et des pommes, pour me reposer de la cueillette matinale de nos champignons, les meilleurs au monde. Je ferai du troc avec le boulanger du village tout proche; en échange de son pain et de sa farine, je lui donnerai un peu de mes trésors. Je laverai mon linge dans l'eau de la rivière, j'offrirai aux passants des festins assaisonnés de sel attique et du poivre dont la vie m'a fait faire d'amples provisions. Je me laverai les dents avec de la poudre calcaire et si je trouve une mine d'or près de ma cabane au Canada, je ne le dirai à personne, à cause des ennuis que ça m'apporterait. La télévision, la radio, je peux m'en passer, car je ne serais plus dans le commerce, ayant fui la société de consommation. Les oiseaux, les vents, les arbres qui cassent, la neige qui fond au printemps, les rivières délivrées par le soleil d'avril m'offriront leurs symphonies. Il y aura place dans cette cabane pour une femme aimée, des livres et, quelquefois, je recevrai mes enfants épuisés de marcher dans la route que je leur ai hélas! enseignée.

J'emprunterai le miel des abeilles, j'offrirai le gîte aux gardes-chasse syndiqués en grève. Nouveau Robinson Crusoé, j'écrirai du Dante à l'envers: *Le Paradis retrouvé.*

Comme je ne gagnerai pas d'argent, je n'aurai plus affaire au gouvernement. J'aurai tout mon pays, mon Québec, j'en jouirai avec une extase angélique, car je ne posséderai rien!

Je n'ose trop ébruiter mes projets, car je crains une invasion de citadins qui formeront paroisse, association; des meneurs surgiront qui voudront ordonner la vie en commun et prendre le pouvoir.

Quelque Ayatollah se lèvera, nous conduira au doigt et à l'œil, notre petite société se divisera en frères ennemis, les Horace et les Curiace, les fédérastes et les péquastes. On me prélèvera une dîme, on exigera que je ne parle que le français, il n'y aura pas de chevaux, le conseil fédéral ayant opté pour un tracteur; les jeunes intellectuels inventeront alors le langage *orignal*. Les femmes contestataires voudront faire avorter les femelles *orignal* après une féroce discussion sur l'arrogante attitude des grands mâles aux panaches superbes, et je serai réveillé la nuit par les radios *transistors* qui serviront d'oreillers aux jeunes de la communauté. Moi, le découvreur, le pionnier, je risquerais d'être chassé comme une bête puante, parce que je prêcherais l'individualisme, que je condamnerais le dirigisme et que je me révolterais contre la philosophie égalitariste, où les moins caves sont muselés par les plus caves. Ah! quel cauchemar! Oublions cela. Personne ne viendra. Chassons ces sombres pensées. Mais il m'en arrive une autre. Un représentant du gouvernement me rend visite. Je suis un être dangereux. Je ne suis pas enregistré à l'assurance-sociale, mon pedigree n'est pas inscrit dans les cerveaux de l'informatique, je ne réclame pas d'assurance-chômage, et insulte suprême, je suis une sorte de dernier des Mohicans: je parle de bonheur et de liberté. Pis encore. On ne sait rien de moi. Pis encore. Je n'ai point besoin du gouvernement. Pis encore, je n'ai pas de permis pour occuper ma cabane, la forêt, et je n'ai pas fourni de rapport sur le nombre de truites prises, sur les arbres coupés, sur le gibier abattu. Ah! si le gouvernement comprenait, s'il laissait tranquilles ceux qui n'ont pas besoin de lui! Je maintiens toujours que le bonheur, c'est de tout avoir et de ne rien posséder.

Le chant des cigales
et mes distractions

Je ne sais si c'est l'énorme chorale de nos cigales politiques qui me promettent un avenir québécois où nous nous épanouirons dans un éternel printemps, ou parce que j'ai peur de leurs chants, mais la fable du bonhomme Lafontaine, *La Cigale et la Fourmi,* me hante, ces temps-ci: «La cigale ayant chanté tout l'été, se trouva fort dépourvue quand la bise fut venue».

Dans toute fourmi, il y a une cigale qui sommeille. Cette bestiole apparaît en mon cœur au mois de mai, le mois de Marie. Alors, bercé par sa musique, je commets, dans l'allégresse, toutes sortes d'erreurs que je m'explique mal l'hiver venu. Cette torpeur enchanteresse me fait commettre des impairs, ou me plonge, d'une façon subite et inattendue, dans un état de distraction inexplicable.

J'ai dû être piqué, quelque matin de mon enfance, par une étrange mouche (peut-être une de ces grosses mouches bleues qui, en juillet, allaient s'engluer dans un des papiers collants pendus en tire-bouchons dorés au plafond de la cuisine). A partir de ce jour, je me mis de plus en plus à avoir l'esprit ailleurs aux moments les moins opportuns. Il faut dire que mes évasions du monde réel coïncidèrent avec l'apparition, dans mes yeux noirs veloutés, d'une myopie qui alla s'accentuant. Un jour, je croisai maman accompagnée d'une amie à qui elle vantait les qualités de son escogriffe de Roger. Je ne la saluai pas et passai près d'elle comme un étranger. Il m'a semblé, deux rues plus loin, que j'avais vu ma mère, comme dans un rêve. Le soir venu, mon père, revenant de son lieu de travail, n'eut même pas le temps de déposer sa boîte à lunch. Maman, accusatrice dévastée par la colère et l'humiliation, le chargea, dénonça ma conduite innommable. J'avais honte d'elle, la fille du policeman, je la reniais, j'étais bien comme mon père, un Lemelin, issu de la fesse gauche des bourgeois de la Haute-Ville. «Ta mère vaut n'importe qui au Québec!» cria papa. Je me tus. Allez donc expliquer que vous aviez l'esprit tellement ailleurs que vous ne voyiez même pas votre maman.

Ensuite, mon virus commença à miner les succès de mon équipe de baseball, où j'occupais le poste d'arrêt-court. On me frappait de durs roulants, on criait après moi, je sursautais, tendant mon gant, mais la balle était passée. On me flanqua au champ gauche, où j'aurais un peu plus de temps pour revenir sur terre. On criait, je regardais dans le ciel et, quelquefois, à travers les moineaux, les hirondelles, je repérais la balle, que je ratais rarement, car j'étais un myope à l'œil juste, aux réflexes rapides, à la main agile.

A Paris, en mai 1948, on célébra, dans les salons du baron d'Uckermann, rue du Cherche-Midi, les débuts de ma carrière littéraire parisienne. D'importantes personnalités étaient présentes. La grande Colette, tignasse rousse, accent bourguignon, était de la fête. Très âgée, assise dans une chaise roulante, elle m'attira vers la table à hors-d'œuvre; nous en mangeâmes beaucoup. Entre deux bouchées d'écrevisses, elle m'avoua me trouver encore plus aguichant que Jean Marais (à cause de mes yeux veloutés). Je lui dis que moi, au moins, je n'avais pas dans ma vie, de Jean Cocteau, aussi présent. Pour vous prouver qu'à cette époque, plus qu'aujourd'hui, des gens très importants s'étaient dérangés pour moi, je cite, le torse bombé, les noms de François Mauriac, de Jules Romains, de Jean Orieux, de Claudel, d'Edwidge Feuillère, et j'en oublie. Soudain on m'arrache à Colette et aux hors-d'œuvre. Un reporter de la radio française, brandissant un micro, me demande, haletant: «Vous, jeune romancier canadien, quel conseil donnez-vous aux jeunes écrivains français?» Pris par surprise, désemparé, fasciné par ce micro qui se promenait devant ma bouche, je lançai: «Mon conseil, chers confrères? Je vous le dis bien haut: «Lâchez pas, les gars!» Entendant ce hallali de la jeune littérature canadienne, la Duchesse de la Rochefoucauld, qui frisait les quatre-vingts ans, se précipita sur moi. «Ah! cher enfant, comme c'est jeune, sain et franc. Je vous adore. Donc, je reçois en votre honneur, à mon hôtel particulier.» N'étais-je pas l'enfant chéri de Paris, une sorte de René Lévesque littéraire?

Les jours passèrent. Tremblant, ému, je me rendis à l'heure dite, chez la duchesse. Il semblait n'y avoir personne. Etais-je déjà oublié? Le maître d'hôtel me reçut froidement. «C'est bien ici, oui. En ce qui concerne votre réception, c'était la semaine dernière.» A-t-on idée d'être distrait à ce point?

Une chanson à l'époque fort populaire revient à ma mémoire. *Ah! si j'étais l'homme dans la lune.* J'étais cet homme, j'étais cet enfant. A l'école Saint-Malo, on me convainquit, à l'âge de dix ans, de faire partie du corps de cadets de la garde Dollard. Comme j'aimais faire du bruit, je choisis de faire partie du corps des «tambourines», juste en avant d'un géant qui, haut casque poilu sur le crâne, battait à tour de bras son gros tambour. Il criait constamment après moi, soit pour m'enjoindre de retrouver le «pas», soit pour m'ordonner de respecter le nombre de «ra» que mes baguettes affolées rataient ou accumulaient, brisant ainsi le rythme de ses impériaux boum-boum. Il me troublait à ce point que, étourdi, je quittais la terre et me mettais à rêver à une oasis où il n'y aurait ni garde, ni armée, ni tambour. Alors, parfaitement dans la lune, je quittais les rangs, l'œil vague et continuais mon chemin dans la foule des spectateurs. Mais d'un grand coup de mailloche dans les omoplates, mon tortionnaire gros tambour, qui s'appelait Parizeau, me ramenait dans le rang. Grinçant des dents, je me soumettais, me jurant qu'un jour je casserais la gueule à ce Parizeau. Je le revis beaucoup plus tard, mais ne pus assouvir ma rancœur. Il m'allait au menton et, de plus, il portait la soutane des frères des Ecoles chrétiennes.

Je m'inquiète, j'entends de plus en plus le chant des cigales. Quelles bévues vais-je commettre?

Le Chemin de Croix

L'affaire commença un soir de juin, dans la grande salle du Musée Provincial.

— Monsieur le curé Ledoux! Quelle surprise! Je ne savais pas que la peinture moderne vous intéressait!

— Peut-être, peut-être, balbutia le vieux prêtre, avec un sourire mystérieux.

L'interlocuteur, ecclésiastique distingué, et fin connaisseur en matière d'art, suivit d'un œil perplexe le curé Ledoux qui se faufilait comme un espion moqueur à travers les groupes d'invités. Ce soir-là, on inaugurait, par un vernissage, l'exposition des œuvres d'un jeune peintre québécois, Paul Lafrance, tout fraîchement arrivé de Paris, où il s'était appliqué, pendant trois ans, à imiter Picasso. Paul Lafrance mesurait environ six pieds et ne pesait pas plus de cent trente livres. Ses longs cheveux châtain terne, ses yeux bleu pâle, le sourire sceptique du Parisien aux lèvres, son complet à carreaux et les grosses dames courtes qui l'entouraient contribuaient à le faire paraître plus étriqué et plus découragé. Les toiles aux dessins extravagants, aux couleurs étourdissantes, donnaient aux murs des airs éberlués. Quelques soi-disant connaisseurs, fonctionnaires du Gouvernement provincial, scrutaient, critiquaient ou appréciaient chaque œuvre avec des gestes et des regards prétentieux. Ils n'avaient pas d'argent. Les autres invités, coupe de champagne au poing, parlaient pêche et politique et jetaient des coups d'œil distraits aux tableaux. Ces dilettantes, ces hommes d'affaires accourus au vernissage par goût des réunions mondaines, se conduisaient comme les badauds qui envahissent un cirque célèbre pour son troupeau de girafes à cinq pattes. Ce sont de bien curieuses girafes, mais les badauds ne les achètent pas. Paul Lafrance n'avait pas encore vendu une toile.

— Monsieur le curé Ledoux, ici?

Le vieux prêtre acquiesçait, souriait avec ruse, fermait presque les yeux. Sa soutane, verdâtre à force d'usure, était un peu courte et découvrait ses bottines poussiéreuses, bordées de gros bas de laine noire. Il passait de temps à autre une main nerveuse dans ses cheveux gris en broussaille et, de l'autre, il malmenait à l'orée de son ample poche un mouchoir à carreaux tourné en boule.

Semblant ne pas entendre les murmures d'étonnement que son passage soulevait, il parvint jusqu'aux premières toiles et se mit à les examiner une à une avec un sérieux désarçonnant, comme s'il eût eu à les condamner à l'enfer ou au ciel. Que venait-il faire à cette exposition? Ceux qui le connaissaient avaient raison de s'étonner.

Monsieur Ledoux était curé fondateur de la paroisse St-X, dans le quartier le plus pauvre de Québec. Depuis quelque temps il faisait beaucoup parler de lui dans toute la ville. Après quinze ans d'un apostolat infatigable, il voyait ses paroissiens de la première heure (sacreurs, ivrognes, voleurs) devenus des citoyens exemplaires. Mais c'est par son église neuve que le vieux curé Ledoux atteignait la célébrité. Ce temple coûtait trois cent mille dollars. Très bien. Ses paroissiens devaient être des ouvriers bien héroïques pour avoir consenti une telle somme. Encore très bien. Mais ce n'est pas encore assez pour qu'on en discute dans tous les salons. La fameuse église de M. Ledoux n'était pas comme les autres! Voilà. De style ogival, c'était la seule en ville à ne pas avoir de colonnes! De chaque banc on apercevait le maître-autel. Ce n'est pas tout. Monsieur Ledoux y avait fait installer un système de climatisation. C'était probablement la première innovation du genre dans toutes les églises d'Amérique! On disait depuis longtemps que le curé Ledoux, fils de paysans, était un homme rustre, sans culture. Mais ce système de climatisation, cette absence de colonnes!

Monsieur Ledoux glissait d'une toile à l'autre avec un air de concentration qu'on n'eût pas attendu de lui. Quelqu'un lui offrit une coupe de martini, qu'il refusa d'un geste ennuyé de la main. Après une vingtaine de minutes d'examen, il plongea son gros nez dans le mouchoir à carreaux et glissa un œil furtif autour de lui.

— Décide-toi, Thomas, décide-toi!

Monsieur le curé Ledoux se parlait à lui-même. Ça lui arrivait très souvent. Tout le monde l'appelait «Monsieur le curé.» Alors M. Ledoux s'interpellait souvent: «Thomas! Hé! Thomas!» Le prêtre marcha vers le peintre Paul Lafrance, qui avait le dos tourné, et le tira discrètement par la manche.

— Monsieur l'abbé?

— Curé Thomas Ledoux. Vos œuvres m'intéressent. C'est moderne. Donnez-moi votre adresse.

Paul Lafrance regardait le vieux prêtre de ses grands yeux bleu pâle et récitait machinalement son adresse. Monsieur Ledoux, après avoir mouillé son crayon de salive, inscrivit le numéro dans un pe-

tit carnet. Il le ferma en souriant d'un air complice:
— Peut-être entendrez-vous parler de moi.

Il se dirigea vers le vestiaire en traînant les pieds. Le peintre et les invités, intrigués, le suivaient des yeux.

Monsieur Ledoux prit le tramway et, le menton enfoncé dans le coussin de chair que la prospérité lui avait accroché au cou depuis la construction de sa fameuse église, il sembla somnoler dans une céleste béatitude. Sa tête se balançait de droite à gauche, au gré des secousses du tramway et au rythme du roulement des roues sur les rails. Soudain le vieux prêtre se dressa et ouvrit des yeux alertes. Par une intuition particulière aux membres du clergé, il avait senti la présence toute proche d'une église. C'était la Basilique de Québec. Monsieur le curé la regarda intensément, avec un amour qui fit bientôt place, dans ses prunelles, à une innocente lueur de triomphe. La Basilique, église célèbre, la chapelle du Cardinal, était peuplée de malencontreuses colonnes et ne possédait pas de système de climatisation. Tandis que l'église de M. Ledoux! Le menton se blottit à nouveau dans son coussin, et M. Ledoux, ayant vérifié l'adresse du peintre Paul Lafrance, se remit à somnoler.

Monsieur Ledoux descendit dans sa paroisse

et marcha vers le presbytère. Dix heures du soir. Il humait comme un fier seigneur l'air de son domaine et jetait des coups d'œil attendris sur les humbles maisons de ses ouailles. Soudain il se trouva devant le temple exceptionnel qui couronnait ses saintes ambitions et le transportait d'orgueil. Il s'immobilisa et, les mains derrière le dos, comme en extase, les paupières mi-fermées, il le contempla en se dandinant. Un sourire bienheureux ourlait ses lèvres: «Thomas, Thomas, c'est bien vrai, c'est ton église, ton église. Sacré Thomas!»

Il fut soudain tiré de son extase. Deux saintes femmes, dévouées aux œuvres paroissiales, se tenaient à ses côtés et admiraient le temple avec lui.

— Quelle belle église, hein, Monsieur le curé! L'orgue électrique est acheté. Il ne nous manque plus que le Chemin de Croix.

Monsieur Ledoux se tourna brusquement vers elles, tout d'une pièce, et dit avec une précipitation puérile:

— Dans un mois nous l'aurons. Ce sera un Chemin de Croix extraordinaire. Le premier du genre dans toutes les églises d'Amérique, et du monde peut-être. C'est Thomas qui vous le dit.

Bouches bées, les deux commères, ravies de cette nouvelle et estomaquées par le «Thomas» inattendu de M. Ledoux, le regardèrent s'éloigner. Monsieur le curé, moins repentant d'en avoir trop dit que choqué de ce familier «Thomas» qu'il n'avait pu retenir devant les braves femmes, entra au presbytère en reniflant furieusement une prise de tabac. Il monta à son bureau et fut interpellé au passage par le plus jeune de ses vicaires, l'abbé Constant, dont la porte de chambre était ouverte. Celui-ci, confortablement installé dans un fauteuil de cuir, était en train de lire le roman de James Joyce, *Ulysses*. L'abbé Constant, ordonné prêtre deux ans auparavant, se classait dans la catégorie des jeunes ecclésiastiques aux idées avancées qui réclament une Eglise jeune, progressive, adaptée aux besoins de l'époque. Il souriait souvent de certains goûts périmés de M. Ledoux, qu'il aimait d'ailleurs beaucoup.

— Commencez-vous à découcher, Monsieur le curé?

— J'arrive du Musée, d'un vernissage de peinture moderne, fit M. Ledoux en rougissant.

Les yeux agrandis par l'étonnement, l'abbé Constant contemplait son supérieur sans dire un mot. Monsieur Ledoux, choqué d'avoir rougi, ajouta sur un ton de défi:

— Oui, j'ai décidé que notre Chemin de Croix

serait d'art moderne. Le premier en Amérique. Et je crois que je vais choisir ce peintre, Paul Lafrance.

— Mais... Monsieur le curé, osa l'abbé Constant, qui commençait à se ressaisir, ne croyez-vous pas que nos paroissiens sont mal préparés... pour un tel Chemin de Croix?

Alors M. le curé se raidit, hautain, dans une solennité triomphante:

— Et c'est vous, jeune homme, qui me reprochiez d'être un vieux rétrograde! Que ceci vous démontre que je suis loin d'être en arrière de mon époque. J'ai supprimé les colonnes, fait installer la climatisation, et maintenant ce sera au tour de l'art moderne. Allons, bonsoir, ne vous couchez pas trop tard. Vous dites la messe de cinq heures demain matin.

L'abbé Constant était trop étonné pour continuer *Ulysses*. Il se coucha.

L'objection du jeune abbé hâta l'exécution du projet, car le curé supportait mal qu'on mît en doute la valeur de ses idées. Monsieur Ledoux consultait rarement ses marguilliers quand il s'agissait de l'administration financière de la paroisse. Il prenait sa décision et, pour la forme, les réunissait pour les en informer. Comme M. Ledoux était assez roué pour leur faire croire qu'il avait agi sous leur influence, ces messieurs, un marchand de fruits, un épicier et un conducteur de tramways, l'approuvaient à grands coups de tête gourmés. Dans l'affaire du Chemin de Croix, M. Ledoux les mit devant le fait accompli.

Le peintre Paul Lafrance fixa le prix de son travail à deux mille cinq cents dollars pour quatorze tableaux représentant les différentes étapes de la Passion du Christ, selon les lois de la peinture moderne. De plus, le peintre surréaliste s'engageait à visiter toutes les églises de la ville afin de s'assurer que son Chemin de Croix serait tout à fait différent des autres. Monsieur le curé promit de payer le coût de la toile, de la peinture, des encadrements, et de donner asile à l'artiste pendant la durée de son travail. La chambre la plus éclairée du presbytère fut aménagée en atelier par le peintre et le curé. Celui-ci tenait à exercer une surveillance de tous les jours sur l'évolution de son Chemin de Croix, et à connaître les mystérieux caprices de l'Art Moderne.

A la vue de l'artiste aux longs cheveux et devant le prix fabuleux de deux mille cinq cents dollars, les marguilliers ouvrirent de grands yeux, mais M. Ledoux leur fit remarquer avec un sourire malin: «Des marguilliers comme vous sont choyés de Dieu, qui vous permet d'acheter ce qu'il y a de plus beau et de plus rare pour une église déjà unique.» Ces messieurs, le torse bombé, s'entre-regardèrent. Quel curé!

L'artiste Paul Lafrance vivait des heures extraordinaires. Frais arrivé de Paris où il s'était maintes fois moqué devant ses confrères de l'absence de goût des Canadiens français pour la peinture, et où, devant des dilettantes de l'anticléricalisme, il avait médit du clergé canadien, il se voyait commander quatorze tableaux surréalistes par le curé d'une paroisse d'ouvriers, quand il n'avait pas vendu une seule toile lors de son exposition. Ce fut une grande nouvelle dans tous les cercles artistiques de Québec, et plusieurs amis du peintre tinrent à visiter son atelier et à rencontrer M. le curé Ledoux. Pendant toute la semaine, dans la paroisse St-X la rumeur courut que M. le curé avait fait venir par avion, de Paris, un artiste célèbre. Mais M. Ledoux demeurait impénétrable aux questions. «Attendez à dimanche, à la grand-messe.»

Le dimanche arriva. L'église était pleine à craquer. Jamais l'absence de colonnes et le système de climatisation ne furent plus appréciés qu'en ce jour. Toutes les ouailles s'étiraient le cou pour mieux voir l'artiste Paul Lafrance, assis au milieu des enfants de chœur, sur une sorte de trône réservé

d'ordinaire aux monseigneurs en visite. L'artiste Paul Lafrance, qui avait acquis à Paris des habitudes païennes et renié la foi de ses ancêtres, songeait que l'art mène à tout, même à Rome. Il se compara à Michel-Ange et ensuite s'imagina sans déplaisir devenant évêque. Tous ces regards levés sur lui, la proximité de l'autel et le décorum religieux qui l'entourait l'incitèrent à se souvenir de ses prières. Il sourit imperceptiblement à la pensée qu'il était payé deux mille cinq cents dollars pour retrouver la foi. Monsieur le curé monta en chaire:
«Mes très chers frères,

«Le ciel nous envoie de l'Europe un messager de la beauté. Il était normal que la Providence dirigeât ses pas vers notre temple, qui est sans doute une des maisons préférées du Très-Haut sur la terre. Cette église a été construite selon les méthodes les plus modernes, et il serait illogique que le Chemin de Croix qui la décorera soit d'une inspiration des siècles passés. Si l'art de la construction s'est perfectionné au point de réussir un chef-d'œuvre comme le nôtre, l'art des peintres a aussi évolué, et nous devons nous faire un devoir d'exiger autant de la peinture que de la construction. Ainsi, en rendant hommage au progrès, nous honorons le Seigneur qui veut bien le donner aux hommes. Mes très chers frères, vous avez devant vous, dans le chœur, le célèbre peintre moderne Paul Lafrance, qui commencera dès demain votre Chemin de Croix, une œuvre dont les enfants de vos petits-enfants seront fiers et qui fera avancer notre église dans la voie de la célébrité.»

Pendant les jours qui suivirent, le presbytère devint, aux yeux des paroissiens, un laboratoire mystérieux où un magicien armé de pinceaux se livrait à toutes sortes d'alchimies artistiques. Plusieurs curieux tentèrent d'obtenir la faveur de jeter un coup d'œil sur le travail de Paul Lafrance, mais M. le curé gardait pour lui seul ce privilège. Par délicatesse, les deux premiers jours, M. Ledoux ne visita pas l'atelier. Paul Lafrance prenait ses repas à la même table que le curé et ses vicaires, et de longues discussions sur le cubisme, l'impressionnisme et le surréalisme s'engageaient entre l'abbé Constant et le peintre, qui semblaient s'entendre très bien. Au cours de ces conversations auxquelles il ne comprenait goutte, M. Ledoux se mouchait souvent, prétextant un rhume pour s'excuser de n'avoir rien à dire. Cependant, au quatrième repas, le curé, fatigué de se moucher, s'impatienta, se jurant de trouver des livres qui traitaient de ces mystères. Mais il n'osait s'en informer auprès du peintre devant l'abbé Constant. Il se leva brusquement de table, au dessert, et, d'une voix polie, s'informa:

— Votre travail avance, Monsieur Lafrance?

— Oui. Le premier tableau est terminé. Quelques retouches et ce sera parfait.

— Déjà!

Monsieur Ledoux, déformé par quinze ans d'administration financière, s'adonnait à un rapide calcul. Un tableau en deux jours, quatorze en vingt-huit jours, quatre-vingt-dix dollars par jour. Il était un peu déçu. Il lui avait semblé que cette œuvre, à cause de l'importance qu'il lui donnait, prendrait des mois à se parfaire, comme pour Michel-Ange.

— Vous désirez le voir? dit le peintre.

Les deux hommes se rendirent à l'atelier et M. Ledoux, en apercevant le tableau, poussa un cri de stupéfaction.

— Vous ne l'aimez pas? fit le peintre angoissé.

Monsieur Ledoux hochait la tête et fronçait les sourcils:

— Je trouve les pieds et les bras du Christ démesurément longs. Ça donne une drôle d'impression. Vous ne trouvez pas?

Le peintre, déjà enflammé par une ferveur d'artiste qui défend son œuvre, ouvrit la bouche pour faire une déclaration de principes, mais une seconde de réflexion et un bref coup d'œil à M. Ledoux le convainquirent de changer de tactique.

— C'est parce que c'est nouveau que ça vous surprend. Vous vous y habituerez et vous aimerez ce genre. La peinture a beaucoup évolué. Ce n'est plus de la photographie. D'ailleurs vous avez exigé que mon Chemin de Croix soit une innovation.

— Je ne dis pas non...

Monsieur le curé, le menton dans la main, réfléchissait. A dire vrai, un combat troublant se livrait en lui. Quel démon l'avait donc poussé à choisir ce peintre? Pourtant, dès le vernissage au Musée, il aurait dû prévoir les dangers dont l'art moderne menaçait son Chemin de Croix! Le mot «moderne» et les succès de son église l'avaient aveuglé. Evidemment, il n'avait pas agi avec sa prudence habituelle en payant mille dollars d'avance au peintre. Il était maintenant trop tard pour reculer. Il ne pouvait pas renvoyer le peintre après la réclame qu'il lui avait faite. Monsieur Ledoux mit brusquement fin à ses réflexions:

— Monsieur Lafrance, je ne discute pas la beauté de votre œuvre et je crois qu'à la longue je la comprendrai. Mais je n'oublie pas que j'ai dix-huit mille paroissiens qui ne sont pas aussi bien préparés que moi pour apprécier votre travail. Et ce sont eux qui paient. Aussi faites-moi donc le plaisir de raccourcir un peu ces pieds et ces bras. Enfin, vous savez ce que je veux dire.

Le peintre parut fort choqué mais le curé était déjà parti. Monsieur Ledoux, les poings serrés, descendit à la chambre en marmottant:

— Thomas, tu n'es qu'un vieil orgueilleux. Te voilà embarqué dans une jolie galère. Parce que tu as une église neuve, sans colonnes, avec système de climatisation, tu t'es cru le nombril du monde. Vieux fou, va prier un peu et demande au Seigneur de te sortir du trou. Surtout remercie-le de te frapper dans ton orgueil.

Il croisa l'abbé Constant dans le corridor.

— Et puis, Monsieur le curé, comment aimez-vous le travail de M. Lafrance?

— Fameux! Fameux!

Monsieur Ledoux n'ajouta pas de commentaire, rentra dans sa chambre et s'agenouilla. Sa prière dura une heure et, apparemment, le Seigneur, pour le punir, lui conseilla de persévérer dans son projet.

Un véritable supplice commença alors pour M. Ledoux. Il tenta d'afficher un grand enthousiasme pour le Chemin de la Croix, mais son gros bon sens lui disait: «Thomas, tu sais fort bien que ces peintures sont épouvantables. Tu cours au désastre.» Afin de se faire convaincre des beautés de l'art moderne, il consulta un ecclésiastique célèbre par ses connaissances artistiques. Monsieur Ledoux se procura même de gros volumes traitant de ces choses. Rien n'y fit. Les fréquentes visites qu'il rendit à l'atelier du peintre ne réussirent qu'à faire empirer son désespoir. Les artistes comme Paul Lafrance sont aussi intransigeants que les Commandements de Dieu. Le peintre poursuivait son œuvre comme il l'entendait, et plus il progressait, plus les pieds et les bras du Christ allongeaient, semblait-il à M. Ledoux. Ces tableaux aux couleurs violentes, aux personnages grotesques et monstrueux, apparaissaient aux yeux de M. Ledoux comme une mascarade de Mardi gras. Le brave curé perdait l'appétit et le coussin de chair accroché à son cou se dégonflait. Au prône, il ne parlait plus du Chemin de Croix, et les paroissiens, qui attendaient le dévoilement de l'œuvre avec impatience, s'en étonnèrent. Que se passait-il?

Il se commit alors une grave indiscrétion. Le bedeau, un homme très curieux, réussit, en l'absence du curé, à pénétrer dans l'atelier et à jeter un coup d'œil sur les tableaux. Immédiatement la nouvelle se répandit dans la paroisse que les personnages de la Passion étaient tous infirmes et marchaient dans le sang. Les commères alarmées se rendirent en délégation auprès du curé et lui confièrent leur inquiétude. Il sourit en fermant les yeux:

— Mesdames, je vous soupçonne d'inventer des rumeurs pour me forcer à satisfaire votre curiosité. Tout cela est faux. Si ça peut vous faire plaisir, je puis vous dire pour le moment que les Saintes Femmes de notre Chemin de Croix sont le portrait des dames les plus dévouées de la paroisse.

Ravies et flattées, ces dames quittèrent le presbytère satisfaites. Monsieur le curé, atterré, ne savait plus où se jeter. Alors qu'il était au plus profond de son désarroi, il arriva face à face avec l'abbé Constant. Oubliant son amour-propre il lui avoua d'une voix hésitante:

— Monsieur l'abbé, je crois que vous aviez raison. J'ai fait une erreur. Nos paroissiens ne sont pas préparés pour apprécier notre Chemin de Croix. Que vais-je faire?

L'abbé Constant, qui depuis quelques jours comprenait l'état d'âme de son curé, se conduisit en bon prêtre. Il ne se moqua pas, réconforta même

M. Ledoux et lui offrit de l'aider. Les deux ecclésiastiques se mirent à la tâche et préparèrent une circulaire de dix pages, où les beautés symboliques de l'art moderne étaient louées avec des adjectifs puissants. Cette circulaire fut imprimée et distribuée aux paroissiens par les enfants de chœur. Devant cette réclame incompréhensible, les paroissiens commencèrent de s'inquiéter sérieusement.

L'œuvre fut terminée un samedi après-midi, et la satisfaction du peintre égala la désolation du curé. L'artiste se fit payer le solde, remercia le curé et partit comme un grand seigneur. Pour mettre fin au martyre qu'il endurait, le brave M. Ledoux annonça l'exposition de l'œuvre pour le dimanche matin, un quart d'heure avant la grand-messe. Certains commentaires de paroissiens mécontents à propos de la circulaire sur l'art moderne étaient parvenus aux oreilles du curé, qui envisageait avec effroi le moment de la cérémonie. Il passa une nuit terrible, et chaque fois qu'il s'éveillait il s'empressait d'implorer le Ciel de calmer son angoisse et de faire en sorte que les paroissiens se prosternent en admiration devant le Chemin de Croix.

A neuf heures et demie, le bedeau, avec une indignation croissante qui se mêlait de fous rires, accrocha les tableaux dans l'église déserte. Monsieur le curé, dissimulé derrière l'autel, suait à grosses gouttes en attendant l'ouverture des portes.

Une foule de paroissiens intéressés aux destinées de leur église trépignaient et se bousculaient devant les entrées. Enfin les battants s'ouvrirent et ce fut une ruée dans le temple. Mille bouches béantes ne réussirent pas à émettre un seul son tant la stupéfaction était grande. Puis éclatèrent quatorze salves de cris d'horreur qui se relayaient de tableau en tableau dans une sorte de chaîne d'explosions. Les femmes protestaient le plus violemment:

— C'est effrayant! Voyez le Christ, il a les bras plus gros que les jambes, les pieds plus longs que les cuisses et ses cheveux ne frisent pas. Affreux! Regardez-moi le visage! Le menton est pointu, les yeux sont taillés à l'envers.

Parmi le groupe des bonnes dames qui se croyaient représentées par les Saintes Femmes de la Passion, quelques-unes étaient blêmes d'indignation et d'autres pleuraient, car les Saintes Femmes du Chemin de Croix avaient l'air de grosses grenouilles. Les marguilliers semblaient de fort mauvaise humeur et chuchotaient:

— Deux mille cinq cents piastres pour ces barbouillages! Un enfant pourrait faire ça!

D'autres messieurs levaient les bras au ciel:

— La croix est beaucoup trop petite, et par-dessus le marché, il neige des fleurs! Remarquez, les mains sont transpercées de clous et ne saignent même pas!

Une atmosphère de révolution régnait dans l'église. Les paroissiens en vinrent tous à la même conclusion: Monsieur le curé devenait-il fou? Tous les regards le cherchaient.

Monsieur le curé Ledoux, la figure aussi blanche que son surplis, s'épongeait le front derrière l'autel. Pour comble de malheur, le système de climatisation s'était détraqué la veille. On était en juillet et il faisait une chaleur torride.

La messe de dix heures commença, et personne ne porta attention à ce qui se passait à l'autel. L'église était pleine de chuchotements et d'éclats de rire sourds. Quelle honte! Une telle horreur dans une si belle église. Monsieur le curé monta en chaire plus mort que vif. Il eût voulu se voir à Rome, prosterné aux pieds du Pape et ne songeant qu'aux beautés du christianisme. «Fais face à la musique, Thomas!» Sa voix était faible et ses mains tremblaient.

«Mes très chers frères,

«Je suis un pauvre vieillard dont le plus cher désir, vous le savez, est de vous donner une église belle entre toutes. J'avais depuis longtemps rêvé d'acquérir pour vous un magnifique Chemin de Croix. Il est enfin devant vous, mais au lieu de l'admiration que j'attendais, vous montrez du mécontentement. Je ne vous cache pas que j'ai le cœur brisé par votre attitude. Mais je prie le Ciel pour que vos yeux s'habituent à cette œuvre et en reconnaissent enfin la beauté. Mes très chers frères...»

Monsieur Ledoux se sentit défaillir et il ne fit aucun effort pour résister à l'évanouissement. Les marguilliers, en le transportant à la sacristie, commentaient l'incident:

— Pas surprenant que vous perdiez connaissance! Jeter comme ça deux mille cinq cents piastres chez le diable!

L'évanouissement de M. Ledoux avait semé la consternation dans le cœur des ouailles, mais pas au point de changer leur opinion sur le fameux Chemin de Croix. Ces événements occupèrent pendant plusieurs jours les conversations des paroissiens, et M. le curé jugea préférable de garder le lit. Pendant qu'on s'inquiétait de son sort, on ne s'indignait pas contre le Chemin de Croix. Si M. le curé faisait le mort, il était cependant fort actif. Par différentes sources d'information, il apprenait que ses fidèles fréquentaient de moins en moins leur belle église, et que ceux qui assistaient aux offices religieux passaient leur temps à rire des ridicules tableaux. Par contre, le temple était envahi par une foule de curieux des paroisses voisines, attirés par le singulier Chemin de Croix. L'église si célèbre de M. Ledoux était devenue une sorte de musée où l'on ne s'agenouillait pas et où l'on se permettait de parler et de rire bruyamment. Monsieur Ledoux vivait des heures amères. Après avoir joui trop brièvement des grandeurs de son église, il en souffrait déjà la décadence. C'est alors que la Providence jugea l'avoir assez puni, et qu'Elle lui inspira une idée de génie. Que n'avait-il songé plus tôt à la mère supérieure du couvent?

Elle avait un certain talent pour la peinture, et M. le curé, le dimanche après-midi, était souvent allé la voir peindre des saints, des bateaux, des rivières et des roses, avec un mignon pinceau aux couleurs très tendres. Il la fit éveiller à dix heures du soir et la bonne mère, toute tremblante, accourut au presbytère. Quand elle quitta M. Ledoux, elle dit cette phrase:

— Je puis faire ces quatorze tableaux en deux semaines, je vous assure. Mais je vous répète que je ne suis pas à la hauteur de la tâche. Priez Dieu que je réussisse.

Le travail de la mère supérieure se fit dans le plus grand secret. Monsieur le curé se rendait au couvent trois fois par jour, et tous ceux qui le rencontraient se demandaient pourquoi il affichait une mine de plus en plus réjouie quand l'église continuait d'être profanée par des curieux venus de partout. Dix jours après la visite de la mère supérieure, M. Ledoux téléphona à un personnage important, qui faillit s'évanouir en entendant les propos du curé. Mais c'est une autre histoire. Deux jours après cette communication, un samedi soir, vers onze heures, un camion du gouvernement s'arrêta devant la porte latérale de l'église, et deux ouvriers, sous la surveillance de M. Ledoux, transportèrent précieusement quatorze colis de l'église au camion.

Le lendemain, à la messe de dix heures, l'église fut témoin du plus beau spectacle qui se puisse imaginer. L'affreux Chemin de Croix était disparu et remplacé par quatorze belles peintures aux couleurs tendres, aux hommes bien faits, aux femmes belles et où le Christ ressemblait à Clark Gable. Les ouailles étaient plongées dans un ravissement qui se transforma bientôt en une piété profonde. Plusieurs bonnes dames pleurèrent de joie et tous les paroissiens émus levèrent des regards de reconnaissance vers l'autel. L'église était exorcisée et rentrait à

nouveau dans le sein du Seigneur. Monsieur Ledoux se rendit à la chaire en triomphateur:
«Mes très chers frères,

«Votre joie m'émeut au plus haut degré. Le magnifique Chemin de Croix que vous avez devant les yeux est dû au pinceau de la mère supérieure du Couvent, qui mérite toute notre gratitude. Quant à l'autre Chemin de Croix, j'ai pensé que ces tableaux s'adressaient plutôt à des experts. Aussi, j'en ai fait don au Musée Provincial. Mes très chers frères, réjouissons-nous dans le Seigneur. Notre église a repris sa marche vers la célébrité: c'est la première en ville à ne pas avoir de colonnes, la seule en Amérique à posséder un système de climatisation et la première au monde à faire don d'un Chemin de Croix au Musée.»

La culotte en or

L'histoire toute simple que je vais vous raconter est autobiographique. En vieillissant, le romancier éprouve beaucoup moins le besoin de prouver que son œuvre est purement imaginaire et il commence d'avouer sans pudeur que la somme de ses livres est au fond la somme de ses expériences.

Jusqu'à ma douzième année, j'ai souffert d'une timidité qui fit de mon enfance un véritable supplice; puis je fus un jour victime d'une mésaventure que j'appellerai l'incident de *La Culotte en Or,* et qui me guérit de cette calamité.

Mes parents étaient presque pauvres quand ils eurent leur premier enfant: moi. Et comme je suis né le premier, j'ai toujours été l'aîné de mes frères. Cette vérité de La Palice peut vous paraître du plus sot acabit, mais vous en comprendrez la signification quand je vous dirai que ma mère, à ma naissance, ne savait pas coudre. Voyant les formes parfaites du magnifique bébé Lemelin, elle décida de parfaire son métier sur moi. Elle étudia patiemment, mais ne réussit jamais vraiment à apprendre la couture.

Je devins le malheureux cobaye de ses expériences. Les résultats, à mes yeux, et à ceux des autres, s'avérèrent de véritables catastrophes. Pantalons, salopettes, chemises, vestes, clochaient toujours par quelque défaut qui faisait rire mes copains mais qui, aux yeux de ma mère, paraissait être une menue irrégularité en regard de l'harmonie de l'ensemble. Pensez: elle avait réussi à fabriquer deux manches, deux jambes, deux épaules, des boutonnières; qu'importait qu'elles fussent trop longues, trop étroites, inégales? C'était une femme sûre d'elle, mère d'un garçon qui plus tard afficherait la même tranquille assurance devant la vie, grâce à une culotte en or qu'elle lui confectionna au faîte de sa timidité. Merci, maman.

Encore aujourd'hui, je n'évoque pas sans frissonner ces jours de «première» où elle m'exhibait, emprisonné dans ses chefs-d'œuvre, à mes tantes ou à ses amies. Naturellement, lorsque mes frères arrivaient à l'âge que je n'avais plus, ils profitaient des erreurs passées, car ma mère avait au fond un certain sens critique et se corrigeait sur eux. Mais moi, toujours l'aîné, j'atteignais infailliblement le premier les étapes cruciales où mes costumes exigeaient de nouvelles dimensions, un nouvel effort créateur. Oh! je n'en veux pas à maman qui, grâce à son énergie, aux dépenses qu'elle lui épargnait en cousant elle-même nos vêtements, aidait mon père à élever dignement une nombreuse famille. J'essayais un peu de la comprendre à l'époque, mais je ne pouvais m'empêcher de me révolter contre le peu de discernement qu'elle mettait à choisir ses étoffes. Si encore mes vêtements avaient été taillés dans un matériau aussi agréable à l'œil qu'à la peau! Mais ma mère, par économie sans doute, utilisait pour moi des étoffes qu'elle ne regretterait pas trop d'avoir gaspillées dans un premier jet de culotte ou de veste. Ah! je ne puis évoquer sans malaise certain costume d'été taillé dans un vieux pardessus de toile grise de mon oncle le facteur. Je m'agitais à tel point sur mon banc d'école qu'on m'eût cru infesté de poux: des poils de crin m'égratignaient, me chatouillaient les aisselles, et je sentais des milliers de picotements tout le long de mon corps. Ma conception du bonheur à l'époque, c'était d'être habillé comme les autres garçons, chez Eaton ou Simpson. J'étais très malheureux. A l'école, je me tenais loin des autres à la récréation. Le dimanche, j'allais à la messe de cinq heures du matin, avec les vieux et les vieilles. Puis le fameux incident arriva.

D'habitude ma mère s'approvisionnait en étoffes à la sacristie de l'église paroissiale. Le curé, qui voyait en elle une très exemplaire mère de famille, lui donnait souvent de vieilles soutanes, des banderoles usagées et toutes sortes de lingeries que le laboratoire de couture maternel consommait sur-le-champ. J'étais vêtu par l'Eglise. J'eus même un jour très peur de voir maman me tailler une chemise de nuit dans un drapeau où se lisait, en lettres d'or: «Vive le Sacré-Cœur de Jésus». Elle ne le fit pas. Enfin, un jour, une source inespérée de nouveaux débouchés s'offrit à l'infatigable couturière.

Deux de mes oncles, ouvriers aux usines Chrysler, arrivèrent de Détroit chômeurs. C'était à l'époque de la grande dépression: 1931. Ils louèrent à Québec un garage où ils espéraient mettre à profit leur expérience de Détroit. Ils rembourraient à neuf les voitures de luxe. Un homme riche leur confia alors sa Cadillac 1920 et, quelques jours après, mon oncle apporta triomphalement à la maison une grande pièce de peluche qui recouvrait le banc arrière de la Cadillac. Ma mère faillit s'évanouir. Puis elle me regarda d'une façon qui semblait dire: «Enfin! Mon grand jour est arrivé.» Mais je n'osais le croire. Cette peluche, d'environ un quart de pouce d'épaisseur, avait dû être de couleur dorée, mais le temps et la poussière en avaient altéré l'éclat et lui donnaient une teinte plutôt brune. Vivement, ma mère se mit à battre la peluche, puis à la brosser frénétiquement. Le visage maternel s'épanouissait à mesure que la peluche retrouvait ses éclats dorés. Alors la catastrophe éclata. Maman se retourna vers moi: «Roger, j'ai un beau pantalon pour toi, là-dedans! C'est de l'inusable!» Elle triomphait. Je me mis à pleurnicher, à protester: «Non! Non! Tout le monde va rire de moi! Je vais avoir l'air d'un ornement d'église!» Ma mère se moqua de cette objection et se montra toute réjouie pour son cobaye qui aurait désormais l'air d'être sur tranche dorée, et pour longtemps.

Le pantalon, ample et bouffant, fut terminé à cinq heures, le 28 mai, pendant le mois de Marie. Ma mère me le fit essayer immédiatement. Comme ce pantalon était lourd et chaud! Je refusai de sortir de la maison, et pourtant j'entendais les cris joyeux de mes amis qui jouaient à la balle. Au souper, je n'eus pas d'appétit. J'avais l'impression d'avoir deux traversins enfilés dans les jambes. Comme j'allais souffrir! J'allais atteindre le faîte de mon destin d'humilié.

J'arrivais à la quatorzième station de mon chemin de croix d'enfant vêtu par une mère qui ne savait pas coudre. Jusque-là, j'avais essuyé comme un lancinant mal de dents le sourire doucement moqueur de mes petits amis. Cette fois-ci, ce serait un énorme éclat de rire, et c'est Henri Fontaine qui rirait le plus fort en se tapant les cuisses.

Henri Fontaine était le chef incontesté de notre petite bande. Fils unique d'un employé du Parlement, il portait toujours de mignons costumes de cheviotte bleu marine achetés chez Eaton. Frisé, joli, il faisait le paon et c'est toujours lui que les petites filles entouraient. Quel garçon choyé par le sort, me disais-je. Henri Fontaine m'accablait de ses moqueries, surtout depuis le jour où, plus audacieux qu'à l'ordinaire, j'avais osé, pour protester, me colleter timidement avec lui, poussé par le désir inavoué de salir et de déchirer sa belle culotte bleue. A mon grand embarras j'avais eu le dessus et je m'en étais presque excusé; j'ai senti qu'il ne m'avait pas pardonné car, sur les entrefaites, des fillettes étaient accourues, qui avaient été témoins de sa déconvenue. Depuis ce jour, grâce aux costumes presque surréalistes dont maman m'attifait, j'étais devenu la cible de ses sarcasmes.

Je refusai de sortir après souper et maman ne comprit pas pourquoi je lui refusais la satisfaction de voir son pantalon chef-d'œuvre admiré par les gens de la paroisse. Elle éclata en larmes et mon père, qui l'aimait tendrement, intervint et m'intima l'ordre de sortir. La mort dans l'âme j'obéis, car la timidité m'avait rendu obéissant. Ce que j'avais pressenti arriva. Je fus accueilli par les cris d'Henri Fontaine qui m'indiqua aux gamins groupés sur le trottoir d'en face.

— La culotte en or! La culotte en or! La culotte en or!

Les rires que j'entendis me parurent atroces, interminables. Cette hilarité féroce me fit alors plus souffrir en un moment que toutes les humiliations de ma vie passée et future. Pourquoi le sol ne se dérobait-il pas sous mes pieds? Comme hypnotisé, les yeux fixes, je me dirigeai vers mes amis, avec un besoin précis de tuer.

— La culotte en or! La culotte en or!

En effet, les rayons obliques du soleil couchant faisaient miroiter la peluche de mon pantalon, dont les deux jambes me paraissaient en ce moment aussi lourdes que des sacs de ciment. J'avais envie de pleurer et je ne pouvais pas. Muet, les yeux baissés, je m'appuyai contre le pan de briques de la maison. Henri Fontaine, prétextant tâter l'étoffe de mon pantalon, me pinça en riant très fort. Je me laissais faire, je gardais les yeux baissés, et si mon cœur pleurait, aucune larme ne coulait sur mes joues.

Je me plaignis à ma mère, mais rien n'y fit. A son avis, les gamins ne savaient pas apprécier le beau. Il était bien dommage que la jeunesse ne comprît rien à la véritable élégance. Le lendemain matin, sous les yeux de ma mère qui faisait la faction au pied de mon lit, je ne pus pas ne pas mettre ma culotte en or. C'était une femme qui tenait à faire triompher ses idées. Elle fut forcée de venir me reconduire à l'école, car elle appréhendait que je me réfugie dans le champ voisin comme un animal blessé.

J'entrai en classe et je parvins à mon banc, écrasé par les chuchotements de mes confrères. J'étais placé à l'avant et, Fontaine, qui savait copier par-dessus mon épaule, occupait le banc suivant. L'instituteur, un homme juste et sévère, commença la leçon de catéchisme. Il me posait souvent des questions inattendues, et il aimait citer mes réponses en exemple aux autres élèves.

— Lemelin, après votre mort, irez-vous au ciel ou en enfer? Levez-vous!

Je me levai à demi. Et bredouillant:

— Je ne sais pas. Tout dépendra si oui ou non je meurs en état de péché mortel. Si j'ai de la veine, c'est au ciel, bien sûr, que j'irai.

Eclat de rire. Choqué, le professeur me jeta le regard qu'un évêque jette à un hérétique. Je décevais l'espoir qu'il avait mis en moi et je sentis qu'il m'en gardait rancune. Il se rendit au tableau pour y écrire. A peine fut-il retourné que, bang! un morceau de craie lancé à toute force l'atteignit à la nuque. Se retournant lentement, il promena sur nous tous un regard de glace.

— Je veux savoir immédiatement qui a fait ça!

Ce fut un silence de plomb qui lui répondit d'abord. Je me sentais presque le coupable. A cause de ma réponse sur le ciel et l'enfer, le maître ne pouvait pas ne pas me soupçonner. Sa voix nous cravacha:

— Et alors! C'est qui?

Un certain mouvement se dessina dans la classe et je compris que, derrière moi, Henri Fontaine se levait.

— Je le sais, moi, Monsieur!

— Qu'attends-tu pour le dire?

— C'est Roger Lemelin qui veut vous montrer sa culotte en or!

Je pensais défaillir. Toute la classe s'esclaffait, mais l'instituteur ne riait pas.

— C'est toi, Lemelin?

— Non... oui...

J'étais comme assommé; un voile descendait sur mes yeux. Je ne me sentais pas le courage de nier; le maître ne m'aurait pas cru. La voix de l'instituteur éclata:

— Pas étonnant que tu ne sois pas sûr d'aller au ciel. Viens ici! Et place-toi face au tableau.

Il s'empara d'une longue règle de chêne et se mit à me frapper à coups redoublés, sur les fesses, de toutes ses forces. Un seul coup de cette règle faisait d'habitude hurler de douleur l'enfant qui le recevait. O surprise! Je sentais à peine les coups. La règle s'enfonçait dans l'épaisse peluche et, à cause du coussin d'air, le bois parvenait à peine jusqu'à mon épiderme. Mais l'instituteur ne s'en rendait pas compte et frappait comme un forcené. Il s'essoufflait:

— Han! Han! Han! Mais vas-tu crier à la fin! Dur à cuire! Graine de pénitencier!

Mais je restais imperturbable, jetant même sur le professeur un regard de pitié embarrassée qui le rendait de plus en plus furieux. Puis je sentis, dans mon dos et sur mes fesses flagellées, une grande vague d'admiration qui déferlait de la classe vers moi.

Soudain une voix s'éleva:

— Arrêtez, Monsieur! C'est pas Lemelin, c'est Fontaine!

L'instituteur, pâle, s'interrompit et me jeta un regard d'excuse que je n'oublierai jamais. Il posa la règle lentement sur le bureau, me fit tourner vers les élèves et ordonna à Fontaine tout tremblant d'avancer. Le maître essayait de reprendre son souffle et moi je ne savais pas si je devais rejoindre mon banc ou non. J'allai m'y asseoir.

— Non, attends, dit le maître. Je vais te poser une autre question. Veux-tu que je batte Fontaine?

Pour la première fois de ma vie, quelqu'un jetait sur moi un regard suppliant: mon ennemi.

— Non, Monsieur.

— Demande-lui pardon, Fontaine.

— Pardon, Roger.

— Allez vous rasseoir maintenant. Et que ce beau geste vous soit un exemple de charité et de dignité.

Au sortir de la classe, mes camarades m'entourèrent comme un héros sans se moquer de ma culotte en or, car au fond, même les enfants admirent davantage le courage que les beaux vêtements. J'étais un as! J'avais enduré sans broncher, sans qu'un muscle de mon visage bougeât. Et j'avais poussé la grandeur d'âme jusqu'à pardonner à Fontaine, jusqu'à lui épargner le châtiment que mes fesses avaient injustement souffert pour les siennes. Je jouissais de cette admiration, mais je commençais à sentir poindre en mon cœur un insinuant remords. Puis les fillettes se joignirent à nous et se mirent soudain à examiner ma culotte. Une sueur froide commença de me gagner. Mais je me trompais. Elles se mirent à pousser des cris d'admiration. Les femmes n'usent pas des mêmes critères que les hommes pour juger des culottes. Soit que les chatoiements de mon pantalon les charmassent, soit que la peluche dont il était fait leur portât envie pour l'usage qu'elles auraient pu en faire, elles me félicitèrent et même soulignèrent le peu d'élégance de la vulgaire cheviotte bleue en regard de la peluche aux reflets d'or.

Je triomphais sur tous les fronts. Des éclairs d'envie se mirent à luire dans le regard de mes jeunes amis. Cependant, ce remords qui venait à peine de poindre au fond de ma conscience grandissait avec une rapidité magique. Pousserais-je mon triomphe jusqu'à accepter à la fois l'hommage des filles et l'admiration de mes amis, sans dévoiler à ceux-ci que je devais ma gloire à une imposture? L'immense plaisir que je tirais de cette attention inespérée des femmes me rendit plus facile la tâche de l'honnêteté et de la franchise, franchise que j'adoptais au fond avec un tantinet de vanité, de cette vanité que l'on retrouve chez les voleurs qui adorent se vanter de l'habileté qu'ils ont mise à perpétrer leur forfait. J'avouai que, grâce à ma culotte en or, à la peluche si épaisse, les coups de règle du maître ne m'avaient pas fait mal du tout. C'était en même temps reconnaître les torts que j'avais eus envers ma culotte et envers ma mère. Au lieu de me retirer leur estime, mes camarades m'admirèrent encore davantage, tant les enfants adorent voir l'autorité bafouée, tant ils préfèrent la ruse au courage.

Le lendemain, grâce au charme que la peluche dorée exerce sur les filles et au défi qu'elle lance aux règles des maîtres, tous les garçons demandèrent à leur mère une culotte en or comme celle de Roger Lemelin.

Depuis ce jour, j'ai confiance en moi, et aux pires moments de ma vie je me dis que je porte toujours une culotte en or.

Table des matières

Avant-propos 9
L'amour avec des gants 11
Un ami dans la bière 19
L'art d'être grand-père 27
La culture de maman 35
Le vieux bas rouge 41
Gérald Martineau et les machines à écrire 47
La bouche des enfants 53
Les beaux quartiers 59
Hubert Aquin et les jeux de hasard 65
Joe Louis et les écrivains 71
La jeunesse malade catholique 79
Les guérisseurs 85
J'ai fait fâcher de Gaulle 93
Pierre Trudeau à motocyclette 101
Le coffre d'outils 107
Emile Henriot et Tatou 115

Les patins de fantaisie	123
Mes jumeaux	131
L'Infante de Vélasquez	139
J'ai soixante ans aujourd'hui	147
Etre gravement malade	155
Pierre Trudeau, les échecs, la NKVD et les oranges	161
Filez, filez, ô mon navire	167
Les chemins de l'Académie Goncourt	175
J'ai connu François Mauriac	183
Problèmes de romancier	195
Chacun son mur	203
Le rouleau à vapeur	211
L'évêque anglican	219
Le mangeur de poteaux	227
Les rois de la force	235
L'oeil du cyclope	245
Albert Guay, l'homme d'affaires	253
L'odeur de dynamite	263
De ton Albert adoré	271
Un gros homme, ton père	279

Le 33	287
Tout avoir, ne rien posséder	295
Le chant des cigales et mes distractions	303
Le Chemin de Croix	311
La culotte en or	337

La composition de ce volume
a été réalisée à la linotype
en caractères Cloister de quatorze points
par les ateliers de Service Typographique Ltée
Montréal, Québec

Achevé d'imprimer
en septembre mil neuf cent quatre-vingts
sur les presses de l'Imprimerie Gagné Ltée
Louiseville, Québec

Imprimé au Canada